INGLES
PARA VIAJEROS

Por los colaboradores de la Editorial Berlitz

Copyright © 1971 by Editions Berlitz, a division of Macmillan S.A.

All rights reserved. No part of this book may be reproduced or transmitted in any form or by any means, electronic or mechanical, including photocopying, recording or by any information storage and retrieval system, without permission in writing from the Publisher.

Library of Congress Catalog Card Number: 73-158541

6th printing 1986

Printed in Switzerland

Berlitz Trademark Reg. U.S. Patent Office
and other countries — Marca Registrada

Editions Berlitz
1, avenue des Jordils
1000 Lausanne 6, Switzerland

MANUALES DE CONVERSACION BERLITZ

Estos libros ofrecen, además de abundancia de frases y de un vocabulario muy útil acompañado de pronunciación, interesantes detalles relativos a propinas, datos útiles y sugerencias. Manejables y eficaces, son una ayuda valiosa para darse a entender.

Francés

Inglés
(Edición Británica)

Inglés
(Edición Norteamericana)

CASSETTES BERLITZ

La mayoría de los Manuales de Conversación pueden combinarse con una cassette que le ayudará a mejorar su acento. Cada cassette, grabada en alta fidelidad, va acompañada de un folleto de 32 páginas impresas con el texto completo de la grabación.

DICCIONARIOS BERLITZ

Los diccionarios Berlitz, bilingües, contienen 12.500 vocablos en cada idioma, todos ellos acompañados de una transcripción fonética. Incluyen igualmente una lista de las abreviaturas más comunes y un vasto repertorio de términos gastronómicos. Prestan una gran ayuda a los viajeros.

Alemán	Holandés
Danés	Inglés
Finlandés	Noruego
Francés	Sueco

Solicítelos a su librero habitual.

Prefacio

Usted se dispone a visitar Inglaterra. Nuestro propósito es procurarle un libro de frases práctico para que le sirva de ayuda durante el viaje.

Inglés para Viajeros le ofrece:

* las frases y vocabulario suplementario, que podrá necesitar durante su viaje
* una gran variedad de casos propios del turismo y de los viajes, datos e informes útiles
* una forma lógica de presentación para que pueda usted encontrar la frase adecuada para cada situación inmediata
* un medio simplísimo para comunicar con su interlocutor. Bastará mostrarle la traducción inglesa de las locuciones o expresiones, que usted igualmente encontrará en español. No hay necesidad de buscar las palabras ni formar las frases, ya que están redactadas. El cambio de ideas es directo, simple, rápido y seguro
* un rápido sistema de referencias mediante una clave de colores. Las características más importantes del contenido se encuentran en la cubierta posterior; en el interior hay un índice completo.

Estas son sólo algunas de las ventajas prácticas del libro, que además puede servirle de introducción fácil en la vida de Inglaterra.

Hay un extenso capítulo dedicado a los que comen en el restaurante; una guía para ir de compras, que le permitirá obtener virtualmente todo lo que desee. ¿Tiene dificultades con el automóvil? Busque el manual de mecánica con sus instrucciones en ambas lenguas. ¿Se siente usted enfermo? Nuestra sección médica es excelente para conseguir una communicación rápida entre usted y el doctor.

Para obtener el mayor provecho de *Inglés para Viajeros,* le aconsejamos que empiece con la «Guía para la pronunciación». Después continúe con «Expresiones generales». De este modo aprende usted no sólo un vocabulario mínimo, sino que además, con este sistema, se acostumbra a la pronunciación del idioma.

Además nos haría usted un gran favor comunicándonos todos los comentarios, críticas y sugestiones que considere útiles para la preparación de futuras ediciones.

Muchas gracias y feliz viaje.

Guía para la pronunciación

El inglés, lo mismo que otros idiomas, no constituye un sistema regular al que puedan aplicarse reglas de pronunciación invariables.

Otra dificultad consiste en que un mismo grupo de letras no se pronuncia siempre de una manera invariable. «Cough» no rima con «through», y ni «cough» ni «through» riman con «tough». Las reglas que rigen la pronunciación inglesa no son inflexibles. Así pues, para ayudar a usted en lo posible a pronunciar, el capítulo «Expresiones generales» presenta claramente esta situación.

Las separaciones entre sílabas están anotadas con un guión. Las mayúsculas señalan el acento tónico.

Consonantes	Pronunciación aproximativa	Símbolo	Ejemplo	
b, ch, f, k, l, m, n, p, t, x, y	como en español			
c	seguida por **e, i, y** como **s** en seca;	ss	**receipt**	(ri-SSIT)
	en otros casos como **k** en kilo	k	**can**	(kan)
d	siempre como **d** en dama	d	**bad**	(bad)
g	seguida por **e, i, y** como **ch**, pero con la misma vibración en la garganta que se siente al pronunciar la **s** de desde (como la **ll** gallega);	dj	**gin**	(djin)
	en otros casos como **g** en gala	gh	**good**	(ghud)
h	el sonido de la expiración	h	**have**	(hav)
j	como la **g** inglesa seguida por **e, i, y**	dj	**just**	(djast)
qu	como **k** seguida por la **u** de suave	ku	**quick**	(kuik)

PRONUNCIACIÓN

PRONUNCIACIÓN

r	diga la **ll** de **caballo** como la diría un Argentino, pero abra un poco más la boca de modo que el aire expirado produzca menos ruido	r	**red**	(red)
s	entre vocales y al final de la palabra como **s** en **desde**;	s	**these**	(ðiis)
	en otros casos como **s** en **seca**	ss	**say**	(ssei)
sh	como **ch**, pero sin la **t** inicial; el sonido debe ser como la **s** de **seca**, pero menos preciso, y el aire se desliza por una zona mayor de la lengua (como la **x** gallega en **X**an)	sh	**shut**	(shat)
th	seguida por una vocal, generalmente como **d** en **ru**do;	ð	**this**	(ðiss)
	en otros casos generalmente como **z** en **zapato**	z	**through**	(zruu)
v	más bien como **b** en **hablar**, pero con una fricción más fuerte entre el labio inferior y los dientes superiores (como la **v** castellana)	v	**very**	(VE-ri)
w	como la **u** en **suave**	u	**we**	(ui)
z	como **s** en **desde**	s	**zoo**	(suu)

Vocales

a	a veces (sobre todo seguida por consonantes) como **a** en **gato**;	a	**hat**	(hat)
	a veces (sobre todo seguida por **r**) como la segunda **a** en **mañana**, pero más larga;	aa	**car**	(kaa)
	seguida por una consonante y una vocal, como **ey** en **rey**	ei	**pale**	(peil)
e	seguida por una consonante final o por dos consonantes, como la segunda **e** en **este**;	e	**best**	(best)
	seguida por una consonante y una vocal, generalmente como **i** en **aquí**, pero más largo y con los labios menos tensos	ii	**these**	(ðiis)

i	seguida por una consonante final o por dos consonantes, como i en mismo, pero muy breve;	i	**this**	(ðiss)
	seguida por una consonante y una vocal, como hay	ai	**fine**	(fain)
o	seguida por una consonante final o por dos consonantes, como o en noche;	o	**not**	(not)
	seguida por una consonante y una vocal, como ou;	ou	**note**	(nout)
	seguida por r, algo así como o en noche, pero con los labios cerrados y más redondeados	oo	**port**	(poot)
u	en algunas palabras monosilábicas, seguida por una consonante final, como u en mucho;	u	**put**	(put)
	seguida por una consonante y una vocal, como iú en viuda, pero con una u más larga;	iúú	**tune**	(tiúún)
	en otros casos, como a en gato	a	**much**	(mach)
y	en palabras monosilábicas, como hay;	ai	**my**	(mai)
	en otros casos, generalmente como i en si	i	**heavy**	(HE-vi)

Sonidos escritos con dos letras o más

ai, ay	como ey en rey	ei	**day**	(dei)
aw	como or en inglés	oo	**raw**	(roo)
ea, ee, ie, (c)ei	generalmente como i en aquí, pero más larga	ii	**see**	(ssii)
ew	como iú en viuda	iúú	**few**	(fiúú)
er, ir, ur	vocal neutral, algo así como a español, pero más larga y sin apretar los labios	öö	**fur**	(föö)
igh	como hay	ai	**high**	(hai)
ou, ow	como au en pausa	au	**now**	(nau)
oo	como u en luna, pero más larga	uu	**food**	(fuud)

Las vocales sin acento en inglés tienen a menudo un sonido neutral; hay que saber pues donde se encuentra el acento. Un buen diccionario proporciona las indicaciones adecuadas.

PRONUNCIACIÓN

Expresiones generales

¿Cómo está usted?	**How do you do?**	hau du iú duu
¿Cómo está usted?	**How do you do?**	hau du iú duu
Sí.	**Yes.**	yess
No.	**No.**	nou
Por favor.	**Please.**	pliis
Gracias.	**Thank you.**	ZANG-kiú
Muchas gracias.	**Thank you very much.**	ZANG-kiú VE-ri mach
Está bien.	**That's all right.**	dats ool-RAIT
Buenos días.	**Good morning.**	gud MOO-ning
Buenas tardes.	**Good afternoon.**	gud-aaf-ta-NUUN
Buenas tardes.	**Good evening.**	Gud IIV-ning
Buenos noches.	**Good night.**	gud nait
Adiós.	**Good-bye.**	gud-BAI
Hasta luego.	**See you later.**	ssii iú LEI-ta
Este es el Señor/la Señora/la Señorita...	**This is Mr/Mrs/Miss...**	diss is MISS-ta/MISS-is/miss
¿Cómo está usted?	**How do you do?**	hau du iú duu
Encantado de conocerle.	**(I'm) very pleased to meet you.**	aim VE-ri pliisd tu miit iú
¿Cómo está usted?	**How are you?**	hau aa iú
Muy bien gracias. ¿Y usted?	**Very well thank you. And you?**	VE-ri uel ZANG-kiú and iú
Muy bien.	**Fine.**	fain
Perdone.	**Excuse me.**	ex-KIúúS mi

Preguntas

¿Dónde?	**Where?**	ue-a
¿Dónde está...?	**Where is...? (Where's?)**	ue-a-ris (ue-as)
¿Donde están...?	**Where are...? (Where're)**	ue-a-raa (ue-a-ra)
¿Cuándo?	**When?**	uen
¿Qué?	**What?**	uot
¿Cómo?	**How?**	hau
¿Cuánto?	**How much?**	hau mach
¿Cuántos?	**How many?**	hau ME-ni

¿Quién?	**Who?**	huu
¿Por qué?	**Why?**	uai
¿Cuál?	**Which?**	uich
¿Como se llaman éstos/ésos en inglés?	**What do you call these/those in English?** uot du iú kool ðiis/ðous in ING-lish	
¿Que quiere decir esto/eso?	**What does this/that mean** uot das ðiss/ðat miin	

¿Habla usted... ?

¿Habla usted inglés?	**Do you speak English?** du iú spiik ING-lish	
No hablo (mucho inglés.	**I don't speak much English.** ai dount spiik mach ING-lish	
¿Puede usted hablar más despacio?	**Could you speak more slowly?** kud iú spiik moo SLOU-li	
Por favor, señale la frase en el libro.	**Please point to the phrase in the book.** pliis point tu ða frais in ða buk	
Un momento. Veré si lo puedo encontrar en este libro.	**Just a minute. I'll see if I can find it in the book.** djast a MI-nit ail ssii if ai kan faind it in ðiss buk	
Comprendo.	**I understand.**	ai an-da-STAND
No comprendo	**I don't understand.**	ai dount an-da-STAND

¿Poder... ?

¿Puede darme...?	**Can I have...?**	kan ai hav
¿Puede darnos...?	**Can we have...?**	kan uí hav
¿Puede usted enseñarme...?	**Can you show me...?** kan iú shou mi	
No puedo.	**I can't.**	ai kaant
¿Puede usted decirme...?	**Can you tell me...?**	kan iú tel mi
¿Puede usted ayudarme...?	**Can you help me...?**	kan iú help mi

Deseos

Es demasiado brusco en inglés decir «quiero». Es más correcto decir:

| Quisiera... | **I'd like...** | aid laik |
| Quisiéramos... | **We'd like...** | uíd laik |

EXPRESIONES GENERALES

EXPRESIONES GENERALES

Deme...	Give me...	ghiv mi
Démelo.	Give it to me.	ghiv it tu mi
Tráigame...	Bring me...	bring mi
Tráigamelo.	Bring it to me.	bring it tu mi
Tengo hambre/sed.	I'm hungry/thirsty.	aim HANG-gri/ZÖÖ-sti
Estoy cansado.	I'm tired.	aim TAI-ad
Me he perdido.	I'm lost.	aim lost
Es importante/urgente.	It's important/urgent.	its im-POO-tant
¡Dese prisa!	Hurry up!	HA-ri ap

Es/Está/Hay...

Es/está...	It is (it's)...	it is (its)
¿Es/está...?	Is it...?	is it
No es/está...	It isn't...	it IS-ant
Hay...	There is/There are...	ðe-a-RIS/ðe-a-RAA
¿Hay/hay...?	Is there/Are there...?	IS ðe-a/AA ðe-a
No hay/No hay.	There isn't/aren't.	ðe-a-RIS-ant/ðe-a-RAANT
No hay/no hay ninguno.	There isn't/aren't any.	ðe-a-RIS-ant/ðe-a-RAANT E-ni

grande/pequeño	big/small	big/smool
rápido/lento	quick/slow	kuík/slou
temprano/tarde	early/late	ÖÖ-li/leit
barato/caro	cheap/expensive	chiip/ex-PEN-ssiv
cerca/lejos	near/far	NII-a/faa
caliente/frío	hot/cold	hot/kould
lleno/vacío	full/empty	ful/EMP-ti
fácil/difícil	easy/difficult	II-si/DI-fi-kalt
pesado/ligero	heavy/light	HE-vi/lait
abierto/cerrado	open/shut	OU-pan/shat
correcto/incorrecto	right/wrong	rait/rong
viejo/nuevo	old/new	ould/niúú
viejo/joven	old/young	ould/yang
próximo/último	next/last	nekst/last
bonito/feo	beautiful/ugly	BIUU-tiful/AG-li
libre/ocupado	free (vacant)/occupied	Frii (VEI-kant)/O-kiupaid
bueno/malo	good/bad	gud/bad
mejor/peor	better/worse	BE-ta/uööss

Preposiciones etc.

Como en español, preposiciones y adverbios forman parte de innumerables expresiones idiomáticas. He aqui algunas de la más comunes con su significado equivalente en inglés.

a/en	**at**	at
sobre/en	**on**	on
en	**in**	in
a/para	**to**	tu
de/desde	**from**	from
dentro	**inside**	in-SSAID
fuera	**outside**	aut-SSAID
arriba	**up/upstairs**	ap/ap-STE-as
abajo	**down/downstairs**	daun/daun-STE-as
después	**after**	AAF-ta
antes	**before (time)**	bi-FOO
en frente de	**before (place)**	bi-FOO
con	**with**	uíð
sin	**without**	uíð-AUT
por/a través de	**through**	zruu
hacia	**towards**	tu-UOODS
hasta	**until**	an-til
durante	**during**	DIúú-ring

... y una docena más de palabras útiles

y	**and**	and
o	**or**	oo
no	**not**	not
nada	**nothing**	NA-zing
ninguna/ninguno	**none**	nan
muy	**very**	VE-ri
también	**too (also)**	tuu (OOL-ssou)
pronto	**soon**	suun
quizá/tal vez	**perhaps**	pa-HAPS
aquí/allí	**here/there**	HE-A/ðE-A
ahora/entonces	**now/then**	nau/ðen
Adiós.	**Goodbye.**	gud-BAI
Hasta luego.	**See you later.**	ssii iúú LEI-ta

EXPRESIONES GENERALES

La llegada

Ya ha llegado. Tanto si ha venido por barco como por avión, tiene usted que cumplir con las formalidades de Pasaporte y Aduana (Para formalidades de automovilismo, véase pág. 146).
Es indudable que habrá alguien que hable español. Por eso esta sección es muy breve. Lo que usted quiere es salir y ponerse en camino para su hotel en el menor tiempo posible. He aquí las distintas etapas para salir rápidamente.

Control de pasaportes

En estos tiempos de los gigantescos aviones a reacción Jumbo que transportan 300 ó 400 personas, es posible que el inspector de pasaportes le haga señal de seguir adelante con sólo un gesto o una sonrisa. Si no es así, oirá usted.

Su pasaporte, por favor.	Your passport, please.
Aquí está.	Here it is.
¿Cuál es el motivo de su viaje?	What is the purpose of your visit?
Venimos de vacaciones/en viaje de negocios.	We're here on holiday/business.
¿Cuánto tiempo piensa quedarse?	How long are you planning to stay?

Si las cosas se ponen difíciles:

Lo siento, no comprendo. ¿Hay alguien aquí que hable español?	I'm sorry, I don't understand. Is there anyone here who speaks Spanish?

Aduana

En la inspección aduanera británica, usted encontrará la alternativa de dos salidas. Una de éstas lleva el letrero "Nothing to Declare". Aquí se le da un vistazo rápido al equipaje y es probable que usted pueda seguir adelante sin dilación. La segunda salida es para aquellos que llevan regalos o pertenencias que exceden lo permitido.

La lista a continuación muestra lo que puede usted llevar libre de impuestos.

Cigarrillos	Puros	Tabaco	Licor	Vino
200 ó	50 ó	250 gr	1 l.	2 l.

¿Tiene usted algo que declarar?	Have you anything to declare?
No, nada en absoluto.	No, nothing at all.
Tengo 200 cigarrillos/un cartón/una botella de whisky/un frasco pequeño de perfume'	I have 200 cigarettes/a carton of cigarettes/a bottle of whisky/a small bottle of perfume.
¿Tengo que pagar por ésto/éstos?	Must I pay on this/these?
¿Cuánto?	How much?
¿Quiere abrir esta bolsa/maleta, por favor?	Will you open this bag/suitcase, please?
Es de uso personal.	It's for my personal use.
No, no es nuevo.	No, it's not new.
¿Tiene usted más equipaje?	Have you any other luggage?
No, eso es todo.	No, that's all.

LLEGADA

¡Mozo!

¿Puede usted encargarse de las maletas (del equipaje)?	Can you help me with my luggage?
Eso es mío/Esos son míos.	That's mine./Those are mine.
Ese es mi equipaje/maleta/baúl.	That's my luggage/suitcase/trunk.
Yo llevaré esto/éstos.	I'll hang on to this one/these.
Ese/esa grande/pequeño(a)	That big/small one.
Ese/esa azul/marrón/negro(a).	That blue/brown/black one.
Está ahí/en la red.	It's over there/up on the rack.
¿Cuántos bultos hay?	How many pieces are there?
Le veré en la Aduana.	I'll see you at the Customs.
¿Tiene usted mi equipaje?	Have you got my luggage?
Hay seis bultos en total.	There are six pieces altogether.
Tráigalos aquí, por favor.	Bring them here, please.
No, eso no es mío.	No, that's not mine.
No, esos no son míos.	No, those are not mine.
He perdido un(a) . . .	I've lost a . . .
Falta un bulto.	There's one piece missing.
No puedo encontrar al mozo.	I can't find my porter.
Lleve estas maletas al taxi/al autobús/a la consigna.	Take these bags to the taxi/bus/left-luggage office.
Búsqueme un taxi, por favor.	Get me a taxi, please.
¿Dónde está el autobús que va a la terminal?	Where's the bus for the air terminal?

LLEGADA

Cambio de moneda

Encontrará usted un Banco en la mayoría de los aeropuertos. Si está cerrado, no se preocupe. Podrá usted cambiar algún dinero en su hotel.

Todos los detalles sobre el dinero y el cambio de moneda se dan en la página 93. Sin embargo, he aquí algunas frases preliminares.

¿Puede usted cambiarme un cheque de viajero?	Can you change a traveller's cheque?
¿Dónde está el banco (más cercano)?	Where's the (nearest) bank?

Direcciones

¿Como puedo ir a . . .?	How do I get to . . .?
Hay un autobús de la compañía aérea que sale dentro de diez minutos.	There's an airline bus leaving in ten minutes.
¿Dónde puedo alquilar un coche?	Where can I hire a car?

Reserva de hotel

Sin duda, lo más seguro es hacer la reserva con antelación si es posible, pero si no lo ha hecho . . . Algunas terminales tienen una agencia de hoteles o una oficina de turismo que pueden ayudarle.

Alquiler de coches

Para esto también lo mejor es haber hecho los trámites de antemano. En la mayoría de los aeropuertos y terminales hay oficinas para alquiler de coches.

Quisiera un coche pequeño/grande/mini/deportivo.	I would like a small/large/mini/sports car.
¿Para cuánto tiempo?	For how long?
Un día/una semana/dos semanas.	A day/a week/two weeks.
¿Cuánto cobran por día/semana?	What is the charge per day/week?
¿Es ilimitado el kilometraje?	Is mileage unlimited?
¿La gasolina y el aceite van incluidos?	Are petrol and oil included?
No, tiene usted que pagar por la gasolina y el aceite aparte.	No, you pay for the petrol and oil.
¿Eso incluye el seguro a todo riesgo?	Does that include full insurance?
¿Qué depósito hay que dejar?	What's the deposit?
¿Puedo ver su permiso de conducir?	May I see your driving licence?
Aquí está.	Here it is.
Quiero un coche con chófer que me recoja en estas señas mañana a las 10.	I want a chauffeur car to pick me up at this address tomorrow at ten.

Nota: No olvide que en Inglaterra se conduce por la IZQUIERDA.

Taxis

Todos los taxis llevan taxímetros. Hay una pequeña tarifa suplementaria de medianoche a las seis de la mañana. La propina normal es el 10 por ciento.

¿Dónde puedo encontrar un taxi?	Where can I get a taxi?
Búsqueme un taxi, por favor.	Get me a taxi, please.
¿Cuál es la tarifa hasta . . .?	What's the fare to . . .?
¿Qué distancia hay hasta . . .?	How far is it to . . .?
¿Dónde quiere usted ir?	Where do you want to go?
Lléveme a estas señas.	Take me to this address.
al centro de la ciudad	the centre of town
al hotel . . .	the . . . hotel
Siga derecho.	Go straight ahead.
Pare aquí, por favor.	Stop here, please.
Tengo prisa.	I'm in a hurry.
No hay prisa.	There's no hurry.
¿Podría usted conducir más despacio?	Could you drive more slowly?

LLEGADA

taxi	TAK-ssi
fare	féa
straight	streit
hurry	HA-ri
drive	draiv

Hotel

No hay clasificación o control oficial de alojamiento en Gran Bretaña. Se han publicado algunas listas y guías, pero de éstas, pocas tienen una evaluación de hoteles, pensiones, etc.

Agencias que hacen reservas de alojamiento, existen en ciudades grandes, aeropuertos, estaciones, etc. Conviene reservar con anticipación. En el precio por dormir va incluído un abundante desayuno. Generalmente hay un recargo en la cuenta del 10-12% por el servicio. Los cheques de viajero se aceptan hoy en casi todas partes. Pregunte si hacen descuento a los niños.
Por toda Gran Bretaña hay cadenas de excelentes hoteles de primera categoría. Muchos de éstos pertenecen a compañías cerveceras. A partir de la guerra, se han construído en Londres y otras ciudades, muchos hoteles de lujo de la más alta categoría internacional.

Para clasificar un hotel, los ingleses aluden, por ejemplo, a un hotel de "cinco estrellas". Este sistema ha sido adoptado por la Asociación de Automovilismo, que publica una guía anual para sus socios con listas de hoteles. La clasificación por "estrellas" (de una a cinco) se refiere más al tipo de hotel que a sus comodidades, y así ciertos hoteles pueden no alcanzar y otros exceder la categoría que se les atribuye.

★★★★★ *De lujo,* hotel internacional; suites particulares, habitaciones sencillas y dobles; servicio completo, cocina excelente. Muchas comodidades adicionales, incluyendo salas de conferencias.

★★★★Alojamiento moderno, algunas suites, buen servicio, habitaciones sencillas y dobles; cuartos de baño particulares; generalmente por encima del nivel medio.

★★★Generalmente más pequeño y con menos servicio, pero con buen alojamiento y cocina. El servicio de noche depende de cada hotel.

★★Habitaciones cómodas, buenas comidas, pero con un menú menos variado; cuartos de baño y toilet en todos los pisos.

★Hoteles pequeños, mesones, pensiones; pensión completa o sólo dormir (con desayuno), poco servicio. El nivel varía de unos a otros considerablemente.

En hoteles pequeños, el precio varía según la estación del año y lo que dure la estancia.

Motels	Hay moteles de estilo americano cerca de las autopistas o carreteras principales.
Inns	Merece la pena disfrutar de la agradable atmósfera de un mesón o taberna ingleses. En estos sitios se encuentra a veces una cama cómoda y un buen desayuno.
Bed and breakfast	Muchas casas particulares ofrecen cama y desayuno. Los precios y el nivel varían.

Si prefiere un piso o casa amueblado/sin amueblar, vaya a una buena agencia inmobiliazia.

Una *guest house* o *boarding house* es equivalente a una pension.

Recepción

Me llamo . . .	My name is . . .
He hecho una reserva para una habitación sencilla con baño, para dos noches.	I've a reservation for a single room with bath, for two nights.
Hemos reservado dos habitaciones, una sencilla y una doble.	We've reserved two rooms —a single and a double.
¿Ha hecho usted reserva?	Have you a reservation?
Sí, le escribí el mes pasado.	Yes, I wrote to you last month.
Sí, reservamos hace dos semanas.	Yes, we booked two weeks ago.
Esta es la confirmación.	Here's the confirmation.
La Oficina de Turismo me/nos mandó aquí.	The Tourist Office sent me/us here.
Han telefoneado desde el aeropuerto/la agencia de hoteles.	They telephoned from the airport/Hotel Booking Centre.
No hemos hecho reserva.	We haven't a reservation.
No tenemos una habitación disponible.	We haven't a room available.
Quisiera . . .	I'd like . . .
una habitación sencilla/doble	a single/double room
dos habitaciones sencillas	two single rooms
una habitación de dos camas	a room with twin beds
una habitación con cama de matrimonio	a room with a double bed
una habitación con baño/ducha	a room with a bath/shower
una habitación con balcón/exterior	a room with a balcony/view
una suite	a suite
Quisiéramos . . .	We'd like . . .
una habitación exterior	a room in the front
dos habitaciones interiores	two rooms at the back
una habitación que dé al mar/calle	a room facing the sea/street
una cama suplementaria/una cuna	an extra bed/a cot

PARA LOS DÍAS DE LA SEMANA, ver pag. 181

¿En qué piso está?	What floor is it on?
En el tercer/cuarto piso.	It's on the third/fourth floor.
¿Hay . . . ?	Is there . . . ?
aire acondicionado/calefacción central	air conditioning/central heating
radio/televisión/teléfono	a radio/television/telephone
servicio de lavado/valet	a laundry/valet service
toilet/baño particular	a private toilet/bath

¿Cuánto es . . . ?

¿Cuál es el precio . . . ?	What's the price . . . ?
por noche/semana/mes	per night/week/month
por dormir y desayunar	for bed and breakfast
por pensión completa	for full board
sin contar las comidas	excluding meals
¿Está el desayuno/las comidas el servicio incluído?	Does that include breakfast/meals/service?
Sí, el servicio está incluído.	Yes, service is included.
No, el servicio es un diez por ciento extra.	No, service is ten per cent extra.
¿Hacen una reducción a los niños?	Is there a reduction for children?
¿Cobran ustedes por el niño?	Do you charge for the baby?
Eso es demasiado caro.	That's too expensive.
¿No tiene algo más barato?	Haven't you anything cheaper?

¿Cuánto tiempo?

¿Cuánto tiempo se va a quedar?	How long will you be staying?
Sólo una noche.	Overnight only.
Unos días/una semana.	A few days/a week.
No lo sé aún.	I don't know yet.
Hasta el (próximo) jueves.	Until (next) Thursday.

PARA NÚMEROS ver pag. 178–179

Decidiendo

¿Puedo ver la habitación?	May I see the room?
No, no me gusta.	No, I don't like it.
Es demasiado fría/caliente.	It's too cold/hot.
grande/pequeña	big/small
obscura/ruidosa	dark/noisy
No, esto no me conviene.	No, that won't do at all.
Pedí una habitación con baño.	I asked for a room with a bath.
¿Tiene algo mejor?	Have you anything better?
más grande	bigger
más barato	cheaper
más pequeño	smaller
Sí, está bien. La(s) tomo.	Yes that's fine. I'll take it/them.

Al inscribirse

A su llegada al hotel le harán que llene una ficha de inscripción. Si hay algo que no entiende, pregunte a la recepcionista: What does this mean? (¿Qué quiere decir esto?). Posiblemente le pedirán su pasaporte.

Por favor, llene esta ficha.	Please fill in this form.
Firme el libro de registro.	Would you sign the register, please?
Yo le llenaré la ficha. Firme aquí, por favor.	I'll fill in the form for you. Sign here, please.
¿Cuál es el número de mi habitación?	What's my room number?
Es la cuatro-dos-uno (421); en el cuarto piso.	It's room four-two-one (421); on the fourth floor.
Aquí está su llave.	Here's your key.
El mozo le llevará a su habitación.	The porter will take you to your room.
¿Puede usted hacer subir nuestro equipaje?	Will you have our luggage sent up?

Servicio, por favor

Ya conoce usted al mozo (*the porter*) y a la recepcionista (*the recepcionist*).

He aquí otros empleados del hotel.

el gerente/la gerente	the manager/manageress
el conserje/el botones	the hall porter/page boy
la mujer de servicio	the (chamber) maid
el portero/el barman	the commissionaire/barman

Para llamar a un empleado.

Por favor, diga a la camarera que suba.	Please ask the maid to come up.
¿Quién es?	Who is it?
Un momento.	Just a minute.
¡Adelante! La puerta está abierta.	Come in! The door's open.
¿Dónde está el cuarto de baño/toilet?	Where's the bathroom/toilet?
¿Para qué es esto?	What's this for?
¿Cómo funciona esto?	How does this work?
¿Dónde está el enchufe para la máquina de afeitar?	Where's the point for a razor?
Por favor, suba café/té.	Please send up some coffee/tea.
unos bocadillos	some sandwiches
dos ginebras con agua tónica.	two gin and tonics
Quiero que me llamen a las seis mañana por la mañana.	I want an early call at six tomorrow morning.

DO NOT DISTURB
NO MOLESTAR

¿Podemos tomar el desayuno en la habitación?	May we have breakfast in our room?
¿Puede darme/darnos...?	Can I/we have...?
una aguja e hilo	a needle and thread
otra almohada	another pillow
una bolsa de agua caliente	a hot water bottle
un cenicero	an ashtray
una funda de almohada	a pillow-case
hielo	some ice
jabón de tocador	some soap
una lamparita de noche	a reading-lamp
una manta más	an extra blanket
papel de cartas	some writing paper
más perchas	some more hangers
un periódico de esta mañana	a morning newspaper
unos sobres	some envelopes
tinta	some ink
una toalla de baño	a bath towel
¿Dónde está el/la...?	Where's the...?
peluquería/bar	barber's shop/cocktail bar
comedor/restaurante	dining-room/restaurant
salón/salón de belleza	lounge/beauty salon
sala de televisión	television room

Sólo los hoteles de lujo tienen *valet*, pero en la mayoría se encargarán de mandar a lavar o limpiar su ropa, si usted lo necesita.

¿Pueden limpiar esto/estas cosas?	Can I have this/these things cleaned?
zurcir	darned
planchar	pressed
lavar	washed
¿Cuánto tiempo tardarán?	How long will it take?
¿Cuándo estará(n) listo(s)?	When will it/they be ready?
Lo(s) necesito para esta noche.	I must have it/them by tonight.

breakfast	BREK-fast
lounge	laundj

Desayuno

El desayuno se sirve en el restaurante desde las siete hasta las nueve y media de la mañana. Si prefiere usted tomarlo en su habitación, le harán un recargo en la cuenta. Todos los hoteles le servirán una taza de té al despertarse, si así lo desea.

Tomaré...	I'll have...
jugo de fruta	some fruit juice
cereal (cornflakes)	some cereal (cornflakes)
avena (porridge)	some porridge
toronja natural	some fresh grapefruit
un huevo pasado por agua/blando/mediano/duro	a boiled egg (soft/medium/hard)
un huevo frito	a fried egg
dos huevos escalfados	two poached eggs
unos huevos revueltos	some scrambled eggs
tocino y huevos	some bacon and eggs
unas salchichas	some sausages
róbalo/arenque ahumado	some haddock/kippers
tostadas y confitura de naranja	some toast and marmalade
unos bollitos de pan	some rolls
una tetera/una taza de té	a pot/cup of tea
café/chocolate	some coffee/chocolate

Encontrará una lista completa de comidas y bebidas en la sección "Vamos a comer".

¿Puede darme/darnos...?	May I/we have some...?
nata/azúcar	cream/sugar
leche caliente/fría	hot/cold milk
(más) mantequilla	(more) butter
(más) agua caliente	(more) hot water
sal/pimienta/mostaza	salt/pepper/mustard
salsa de tomate	tomato sauce
miel/confitura de naranja/mermelada	honey/marmalade/jam

¿Puede usted traerme/nos...?	Could you bring me/us...?
un cuchillo/un tenedor/una cuchara	a knife/fork/spoon
un plato/una taza/un vaso	a plate/cup/glass
Firmaré la cuenta.	I'll sign the bill.

HOTEL—SERVICIO

PARA NÚMEROS, ver pag. 178–179

Requisitos

¿A qué hora cierran el hotel?	What time does the hotel close?
¿Hay algún portero de noche?	Is there a night porter?
Toque el timbre de noche.	Ring the night bell.
¿Dónde puedo aparcar mi coche?	Where can I park my car?
El portero le enseñará.	The porter will show you.
Dé las llaves al portero.	Give the keys to the porter.
¿Puedo dejar esto/estas cosas en la caja fuerte?	May I leave this/these things in your safe?
¿Puede usted buscarme . . .?	Can you get me . . .?
una niñera para esta noche un guía que hable español un intérprete/una secretaria	a baby-sitter for tonight a Spanish-speaking guide an interpreter/secretary
Quisiéramos dos comidas para llevar al campo mañana.	We'd like two picnic lunches for tomorrow.
¿Dónde está el banco/la farmacia/más próximo(s)?	Where's the nearest bank/ chemist's shop?
¿Puede usted cambiarme un cheque de viajero?	Can you change a traveller's cheque?
¿Tiene usted algún periódico español?	Have you any Spanish newspapers?

Dificultades

El aire acondicionado no funciona.	The air-conditioner doesn't work.
calefacción luz/enchufe radio/televisión grifo/toilete	central heating light/plug radio/television tap/toilet
¿Puede usted arreglarlo?	Can you get it mended?
La ventana está atascada.	The window is jammed.
La persiana está atascada.	The blind is stuck.
No hay agua caliente.	There's no hot water.

El lavabo está atascado.	The wash-basin is blocked.
La cama es demasiado dura.	The bed is too hard.
He perdido el reloj/las llaves.	I've lost my watch/keys.
Me he dejado el bolso en algún sitio.	I've left my handbag somewhere.
Me he dejado las llaves dentro.	I've locked myself out.
Llame un médico, por favor.	Please send for a doctor.

Teléfono—Correo—Visitas

Para una información completa sobre el teléfono, véase pág. 130, pero he aquí algunas frases útiles. Nótese que se da el nombre de la ciudad seguido del número, o el número precedido del número clave.

¿Me da el 12345 de Bristol?	Can you get me Bristol 12345 (diga: one-two-three four-five)?
Me pone con el 67-89123.	Can you get me 67-89123 (diga: six-seven-eight-nine-one-two-three)?
Hay una llamada para usted.	There's a call for you.
No se retire, por favor.	Hold the line, please.
Señorita, me han cortado.	Operator, I've been cut off.
¿Me ha telefoneado alguien?	Did anyone telephone me?
No ha telefoneado nadie.	No one telephoned.
Mr. Ross ha telefoneado. Ha dicho que le llame usted.	A Mr. Ross phoned. He asked you to ring him.
¿A qué hora llega el correo?	What time does the mail come?
¿Hay alguna carta para mí?	Is there any post for me?
Aquí están sus cartas.	Here are your letters.
No hay ninguna carta para usted.	There aren't any letters for you.
¿Tiene usted sellos?	Have you any stamps?

¿Cuál es el franqueo para una carta/un tarjeta postal a . . . ?	What does it cost to send a letter/postcard to . . . ?
¿Puede echarme esto al correo, por favor?	Would you mail this for me, please?
¿Hay algún recado para mí?	Are there any messages for me?
Mr. Burgess quiere verle.	There's a Mr. Burgess to see you.
Dígale que suba.	Ask him to come up.
Dígale(s) que me espere(n) abajo, por favor.	Ask/him/her/them to wait for me downstairs, please.
Voy a salir un rato.	I'm going out for a while.
Volveré a las dos.	I'll be back at two o'clock.
Si viene alguien preguntando por mí, que espere en el bar.	If anyone calls, ask them to wait in the bar.

Al marcharse

¿Me da la cuenta, por favor?	Can I have my bill, please?
Me marcho mañana temprano. Tenga mi cuenta preparada, por favor.	I'm leaving early tomorrow. Please have my bill ready.
Tengo que marcharme inmediatamente.	I've got to leave at once.
¿Está el servicio incluído en la cuenta?	Does the bill include service?
El servicio está incluído.	Service is included.
Creo que se ha equivocado usted en la cuenta.	You've made a mistake in the bill, I think.
Es demasiado alta.	It's too high.

ask	aask
high	hai

¿Qué se tarda en llegar al aeropuerto/a la estación?	How long does it take to get to the airport/railway station?
¿Qué cuesta el taxi a la terminal del aeropuerto?	What's the taxi fare to the air-terminal?
¿Tiene usted un horario de autobuses/trenes?	Have you a bus/train timetable?
¿A qué hora hay un tren rápido para . . .?	What time is there a fast train to . . .?
¿A qué hora es el próximo autobús/tren/avión para . . .?	When's the next bus/train/plane to . . .?
¿Quiere mandar a alguien para bajar el equipaje?	Would you send someone to bring down our luggage?
Tenemos (mucha) prisa.	We're in a (great) hurry.

Remita mis cartas a esta dirección. Las señas de mi casa ya las tiene.
Here's my forwarding address. You've got my home address.

Vamos a Coventry. ¿Puede recomendarnos un buen hotel?
We're going to Coventry. Can you recommend a good hotel there?

¿Puede usted telefonear y reservarnos una habitación?
Could you telephone and arrange a room for us there?

Gracias.	Thank you.
Ha sido una estancia muy agradable.	It's been a very enjoyable stay.
Esperamos volver otra vez.	I hope we'll come again some time.

Propinas

Generalmente hay un recargo en la cuenta, del diez al quince por ciento por el servicio. Dé usted propina al mozo o al botones que le suba el equipaje. Dé propina al portero si le ha hecho algún recado especial.

PARA TAXIS, ver pag. 19

En el Restaurante

Hay muchos sitios en toda Gran Bretaña donde se puede comer económicamente. Pero si prefiere comer en un sitio de lujo, hay muchos restaurantes donde puede usted sentirse todo lo a gusto que quiera.

Restaurantes varían en capacidad y nivel de servicio y cocina. Los más modestos entran casi en la categoría de cafés; en los más caros puede usted, además de cenar, bailar y ver unas atracciones hasta la madrugada.

Puede darse una idea de lo que ofrece el restaurante, por el menú que suelen colocar en la puerta o ventana. Pregunte si tienen "servicio".

En Londres y otras ciudades grandes hay una gran variedad de restaurantes extranjeros, siendo los más populares los chinos, indios e italianos.

No todos los restaurantes tienen permiso para vender bebidas alcohólicas,

Hotel Dining-Rooms están abiertos también para no-residentes del hotel, así como el bar.

Buffets se encuentran principalmente en las estaciones de ferrocarril. Sirven refrigerios y bebidas alcohólicas.

Cafés sirven refrescos y comidas sencillas.

Cafeterías son cafés donde se sirve uno mismo.

Coffee Bars sirven café, bocadillos, helados, dulces.

Fish & Chip Shops	generalmente sirven bacalao, gallo, o merluza con patatas fritas. Se puede comer en la tienda o llevárselo envuelto.
Grills	restaurantes de categoría especializados en platos a la parrilla.
Inns	mesones donde, generalmente, tienen alojamiento.
Milk Bars	sirven té, café, batidos, bebidas no alcohólicas, bocadillos, comidas sencillas.
Pubs	hay una descripción detallada más adelante.
Snack Bars	sirven refrigerios.
Steak Houses	como su nombre indica, se especializan en bistecs.
Wine Lodges	venden vinos, licores (algunos cerveza), con comidas ligeras.
Tea Shops	el nombre se presta a confusión, porque también sirven comidas ligeras, además de té y café.

La comida se sirve generalmente desde las 11.30 (mañana) a las 3 (tarde), pero algunos restaurantes de provincias dejan de servir a las dos en punto. En los hoteles la hora corriente de cenar es entre las siete y las nueve. En las ciudades grandes, algunos restaurantes sirven cenas hasta las once y más tarde. La mayoría de los restaurantes cierran los domingos, pero muchos cafés y '*milk bars*' están abiertos.

PARA LA HORA, ver pag. 180

Hambre?

Los ingleses dicen:

Tengo hambre/sed.	I am hungry/thirsty.

Si quiere reservar una mesa, telefonee y diga: *I want to reserve a table for three for 8 o'clock tonight*. (Quiero reservar una mesa para tres para las ocho de esta noche).

Preguntando y pidiendo

Diríjase al camarero llamándole *Waiter*, a la camarera *Waitress*.

Buenos días, señor/señora.	Good morning, Sir/Madam.
Buenos días. Quisiera una mesa para dos.	Good morning. I'd like a table for two.
¿Me/nos puede dar . . .?	Could I/We have . . . ?
una mesa en el rincón	a table in the corner
una mesa al lado de la ventana	a table by the window
una mesa fuera	a table outside
una mesa en un sitio tranquilo	a quiet table somewhere
una mesa cerca de la pista	a table near the dance floor
¿Dónde está el lavabo de caballeros?	Where's the gentlemen's toilet?
¿Dónde está el lavabo de señoras?	Where's the ladies' toilet?
¿Dónde está el guardarropa?	Where's the cloakroom?
¿A qué hora empiezan a servir la comida/cena?	What time do you start serving lunch/dinner?
¿A qué hora cierran?	What time do you close?
¿Tienen ustedes menú fijo?	Do you have a set menu?
¿Puedo ver el menú de la carta?	Can I see the à la carte menu?
Tráigame la carta/la carta de vinos	Bring me the menu/wine list.
¿Qué me recomienda?	What do you recommend?
Tengo/tenemos prisa.	I'm/We're in a hurry.

PARA RECLAMACIONES, ver pag. 59

Por favor, sírvame(nos) en seguida.	Please serve me/us right away.
¿Cuál es el precio del menú?	What is the price of the set menu?
¿Puede darme/darnos . . . por favor?	May I/may we have . . . please?
un cenicero	an ashtray
una botella/un vaso de . . .	a bottle/glass of . . .
pan/bollitos de pan	some bread/rolls
mantequilla/azúcar	some butter/sugar
otra silla	another chair
un tenedor/un cuchillo/una cuchara/un plato	a fork/knife/spoon/plate
hielo/agua	some ice/water
aceite/vinagre	some olive oil/vinegar
salsa de tomate	some tomato sauce
aliño para la ensalada	some salad dressing
sal/pimienta/mostaza	some salt/pepper/mustard
una servilleta	a napkin

¿Qué hay en el menú . . . ?

Nuestro menú está en orden de platos. Bajo cada encabezamiento encontrará usted una lista en orden alfabético de los platos en español con sus equivalentes en inglés.

También, bajo los mismos encabezamientos, hay unas listas inglés-español. Esto tiene dos objetos. Uno, el ayudarle a entender un menú en inglés. (Contiene los términos más comunes y platos especiales). Otro, el que pueda usted utilizar estas listas cuando vaya de compras.

Finalmente—como cuestión de interés y para referencia —damos un suplemento con algunos de los platos típicos de Gran Bretaña.

price	praiss
bread	bred
butter	BA-ta
sugar	SJU-ga

He aquí, pues, nuestra guía para comer y beber bien. Busque el plato que desea.

Entremeses	37
Sopas	39
Pescado	40
Carne, aves, caza	44
Verduras	45
Postres	49
Frutas	50
Quesos	52
Bebidas	54
Especialidades	61
Té—Merienda	63
Meriendas—Refrigerios	64

Entremeses/Tapas

La palabra entremeses puede traducirse como *hors-d'oeuvres, appetizers* o *starters*—y las tres palabras se usan corrientemente.

Quisiera . . .	I'd like some . . .
Aceitunas (rellenas)	olives (stuffed olives)
Aguacate	avocado pear
Alcachofas	artichokes
Anchoas	anchovies
Apio	celery
Atún	tuna
Caballa (en escabeche)	mackerel (soused mackerel)
Caracoles	snails
Cangrejo	crab
Caviar	caviar
Champiñones	mushrooms
Espárragos	asparagus
Ensalada	salad
Entremeses variados	assorted appetizers
Fiambres	cold meat
Gambas	prawns
Jamón	ham
Jugo de fruta	fruit juice
toronja/naranja	grapefruit/orange
piña/tomate	pineapple/tomato
Langosta	lobster

RESTAURANTE

Langostinos	**scampi**
Mejillones	**mussels**
Melón	**melon**
Ostras	**oysters**
Pepino	**cucumber**
Pimientos	**peppers**
Quisquillas	**shrimps**
Rábanos	**radishes**
Salchichón	**salami**
Salmón (ahumado)	**salmon (smoked salmon)**
Sardinas	**sardines**

Appetizers—Starters

anchovies	anchoas
asparagus tips	puntas de espárragos
assorted appetizers	entremeses variados
avocado	aguacate
caviar	caviar
celery	apio
cold meat	fiambres
crab	cangrejo
cucumber	pepino
eels (jellied)	anguila (en gelatina)
eggs	huevos
ham	jamón
herrings (smoked)	arenque (ahumado)
liver sausage	foie-gras
lobster	langosta
mackerel	caballa
mayonnaise	mayonesa
melon	melón
mushrooms	champiñones
mussels	mejillones
olives (stuffed)	aceitunas (rellenas)
omelette	tortilla
oysters	ostras
a dozen oysters	una docena de ostras
peppers	pimientos
potato salad	ensaladilla de patatas
prawns	gambas
prawn cocktail	gambas con mayonesa
radishes	rábanos

salad	ensalada
sardines	sardinas
sausage (smoked)	salchicha (ahumada)
scampi	langostinos
shrimps (potted)	quisquillas (en moldes de mantequilla)
tuna	atún

Sopas

asparagus	espárragos, mantequilla, harina, cebollas, perejil, crema de leche
chicken	pollo, una verdura, crema de leche
cock-a-leekie	gallina, puerros
game	caza, (caza, verduras, vino)
lentil	lentejas, cebollas, mantequilla, tocino
lobster	langosta, verduras, crema de leche, huevos, mantequilla
Mulligatawny	cordero (o ave), mantequilla, verduras, manzana, curry, arroz
mushroom	champiñón, mantequilla, harina, leche, perejil, limón, crema de leche
mussel	mejillones, clave, pimienta, jugo de limón, crema de leche, vino

asparagus	a-SPA-ra-gass
chicken	CHI-kin
mushroom	MASJ-ruum
mussel	MA-sal

RESTAURANTE

onion	cebolla, mantequilla, aceite, harina, crema de leche, queso
oxtail	rabo de buey, harina, verduras, jerez
pea	guisantes, cebolla, zanahorias, hierbabuena, mantequilla, crema de leche, azúcar
potato	patatas, puerros, cebolla, apio, mantequilla, crema de leche
Scotch mutton broth	cordero, cebollas, pimienta, cebada perlada, verduras
spinach	espinacas, mantequilla, crema de leche
tomato	tomates, zanahorias, patatas, mantequilla, crema de leche

Pescados y mariscos

He aquí algunos pescados que quizá quiera usted pedir . .

Quiero . . .	I want some . . .
¿Tiene usted . . . ?	Have you any . . . ?
Anchoas	**anchovies**
Anguila	**eels**
Arenque	**herring**
Atún	**tuna**
Besugo	**bream (sea)**
Bacalao	**cod**
Boquerones	**whitebait**
Caballa	**mackerel**
Cangrejo	**crab**
Carpa	**carp**
Caviar	**caviare**
Gallo	**plaice**
Langosta	**lobster**
Langostinos	**scampi**
Lenguado	**sole**

Lubina	**bass (sea)**
Merluza	**hake**
Mújol salmonete	**mullet**
Ostras	**oysters**
Perca	**perch**
Pescadilla	**whiting**
Quisquillas	**shrimps**
Róbalo	**haddock**
Rodaballo	**halibut/turbot**
Salmón	**salmon**
Sardinas	**sardines**
Sollo	**pike**
Trucha	**trout**

¿Cómo le gusta el pescado?

adobado	marinated
ahumado	smoked
cocido	boiled
cocido (al vapor)	steamed
escalfado	poached
frito	fried
al horno	baked
a la parrilla	grilled

Fish and shellfish

anchovies	anchoas
bass (sea)	lubina
bream (sea)	besugo
brill	mero
caviar	caviar
clams	almejas
cockles	coquinas
cod	bacalao
crab	cangrejo
crabmeat	carne de cangrejo
eels	anguila
fishcakes	fritos de pescado
flounders	lenguado
grayling	umbla
haddock	róbalo
hake	merluza

RESTAURANTE

halibut	rodaballo
herrings	arenques
kippers	arenque ahumado
lampreys	lampreas
lobster	langosta
mackerel	caballa
mussels	mejillones
oysters	ostras
perch	perca
pike	sollo
pilchards	sardinas
plaice	gallo
prawns	gambas
roach	escarcho
salmon	salmón
sardines	sardinas
scallops	vieiras
scampi	langostinos
shrimps	quisquillas
skate	raya
smelts	esperlán
sole	lenguado
sprats	sardinetas
tench	tenca
trout	trucha
tuna	atún
turbot	rodaballo
whitebait	boquerones
whiting	pescadilla

Carne, Aves, Caza

De nuevo una pequeña lista de platos. De todos ellos el plato por excelencia es el Roast Beef. La manera de cortar la carne es distinta a la que se tiene en España.

Quisiera...	I'd like some...
bistec	beefsteak
Carnero	mutton
paletilla/lomo	shoulder/saddle
Cerdo	pork
chuleta/costilla	pork chops/cutlets

mutton	MA-tan
chop	chop

Cordero	**lamb**
pierna/chuleta	**leg/chop**
costilla/paletilla	**cutlets/shoulder**
Faisán	**pheasant**
Filete	**steak**
Ganso	**goose**
Jamón	**ham**
Liebre	**hare**
Pato	**duck(ling)**
Pavo	**turkey**
Perdiz	**partridge**
Pollo (pechuga/pata/ala)	**chicken (breast/leg/wing)**
pollo asado	**roast chicken**
Rosbif	**roast beef**
Salchichas (vaca/cerdo)	**sausages (beef/pork)**
Ternera (chuleta/pierna)	**veal (cutlet/leg)**
Tocino	**bacon**

¿Cómo le gusta la carne?

asada	**baked**
a la brasa	**barbecued**
cocida	**boiled**
estofada	**stewed/braised**
en fiambre	**cold**
frita	**fried**
al horno	**roast**
en su jugo	**pot-roast**
a la parrilla	**grilled**
picada	**minced**
rellena	**stuffed**
en salsa	**en casserole**

lamb	lam
pheasant	FE-sant
steak	steik
sausages	SO-sidj-is
roast beef	roust biif

Meat, Poultry, Game

I'd like some . . .	Quisiera . . .
bacon	tocino
beef	carne de vaca
calf's brains/feet	sesos/patas de ternera
chicken	pollo
breast/leg/wing of . . .	pechuga/pata/ala de . . .
chicken livers	higaditos de pollo
duck(ling)	pato
goose	ganso
guinea fowl	guinea
ham (boiled/cured/smoked)	jamón (cocido/curado/ahumado)
hare/jugged hare	liebre/liebre estofada
heart	corazón
kidneys	riñones
lamb	cordero
chop/shoulder	chuleta/paletilla
leg/loin	pierna/lomo
liver	hígado
meatballs	albóndigas
meatloaf	carne prensada
mutton	carnero
chop/cutlet/leg	chuleta/costilla/pierna
oxtail	rabo de buey
partridge	perdiz
pheasant	faisán
pigeon	pichón
pig's head/trotters	cabeza/patas de cerdo
pork	cerdo
chop	chuleta
quail	codorniz
rabbit	conejo
sausages	salchichas
steak	filete
stew	estofado
suckling pig	cochinillo
sweetbreads	criadillas
teal	cerceta
tongue	lengua
tripe	callos
turkey	pavo
veal	ternera
chop/cutlet/scallop	chuleta/costilla/empanado
venison	venado
woodcock	chocha

Verduras y legumbres

En los restaurantes sirven a veces el plato principal con una guarnición de verduras. Pero también en muchos cobran la verdura aparte. En tal caso lo pondrá en el menú, pero si tiene usted dudas, pregunte:

¿Van incluídas las verduras?	**Does that include vegetables?**
¿Qué verduras tiene usted?	**What vegetables have you got?**
¿Tiene usted . . . ?	**Have you any . . . ?**
Quisiera unos/unas . . .	**I'd like some . . .**
Achicoria	chicory
Ajo	garlic
Alcachofas	artichokes
Apio	celery
Arroz	rice
Calabacín	marrow
Cebollas	onions
Champiñones	mushrooms
Col	kale
Coles de Bruselas	**Brussels sprouts**
Coliflor	cauliflower
Espárragos (puntas de)	asparagus (tips)
Espinacas	spinach
Guisantes	peas
Judías verdes	haricot (French) beans
Lechuga	lettuce
Lentejas	lentils
Maíz (panocha)	corn on the cob
Maíz (desgranado)	sweetcorn
Mostaza	mustard
Nabos	turnips
Patatas	potatoes
Pepino	cucumber
Perejil	parsley
Pimientos	peppers
Puerros	leeks
Remolacha	beetroot
Tomates	tomatoes
Trufas	truffles
Zanahorias	carrots

RESTAURANTE

Las verduras pueden servirse:

asadas	baked
cocidas	boiled
estofadas	stewed
fritas	fried
al horno	roast
a la parrilla	grilled
en pedacitos	diced (chopped)
en puré con crema	creamed
rellenas	stuffed
salteadas	sautéed

... y lo que puede usted encontrar en el menú.

artichokes	alcachofas
asparagus (tips)	espárragos (puntas de)
baked beans	judías blancas guisadas
beetroot	remolacha
broad beans	habas
broccoli	brecolera
Brussels sprouts	coles de Bruselas
cabbage	repollo
capers	alcaparras
carrots	zanahorias
cauliflower	coliflor
celery	apio
chard	cardo
chives	cebolletas
cinnamon	canela
corn on the cob	maíz (panocha)
cucumber	pepino
cress	berro
dill	eneldo
eggplant	berenjena
endive	endibia

fried	fraid
cabbage	KA-bidj
cauliflower	KO-li-flau-a
cucumber	KIU-kam-ba

fennel	hinojo
garlic	ajo
gherkins	pepinillos
haricot (French) beans	judías verdes
herbs (mixed)	hierbas
horseradish	rábano picante
Jerusalem artichokes	cotufas
kale	bretón
leeks	puerros
lentils	lentejas
lettuce	lechuga
marrow	calabacín
mint	hierbabuena
mixed vegetables	verduras variadas
mushrooms	champiñones
onions	cebollas
paprika	pimentón
parsley	perejil
peas	guisantes
peppers (green/red)	pimientos (verdes/rojos)
potatoes	patatas
radishes	rábanos
rice	arroz
runner beans	judías verdes
shallots	chalotes
sorrel	acedera
spinach	espinaca
spring onions	cebolletas
sweet corn	maíz (desgranado)
tarragon	estragón
thyme	tomillo
tomatoes	tomates
turnips	nabos

lettuce	**LE-tis**
onions	**AN-yans**
potatoes	**pa-TEI-tous**
spinach	**SPI-nach**
tomatoes	**ta-MAA-tous**

RESTAURANTE

Las patatas pueden servirse de muchas formas . . .

asadas con piel	**baked in their jackets**
cocidas	**boiled**
en croquetas	**croquette**
fritas	**fried**
fritas (cortadas a dados)	**chipped (deep fried)**
al horno	**roast**
en puré con crema	**creamed**
rellenas	**stuffed**
salteadas	**sautéed**

Ensaladas

Hay muchas clases de ensaladas. Quizá usted prefiera una sencilla ensalada de lechuga para acompañar el plato de su elección; o una ensalada de berros con o sin aliño.

Los ingleses toman a menudo sus ensaladas con mayonesa; hecha en casa o directamente de la tienda (en tarro). En el restaurante pida *salad cream* (la mayonesa más popular, con mucho vinagre) o *French dressing* (con este término definen cualquier combinación de ingredientes para aliñar ensaladas que no sea *salad cream*).

Postres

En Inglaterra, el queso se sirve después del postre o la fruta. Uno de los postres favoritos es fruta fresca con nata. (Encontrará una lista de frutas en la página 50.) Los ingleses son también muy aficionados a los pasteles, budines y tartas.

Si se ha quedado con hambre, quizá quiera usted probar uno de estos postres.

Voy a tomar un(a)/unos(as)...	I'll have a(n)/some...
Arroz con leche	rice pudding
Hojuelas	pancakes
Compota de fruta	stewed fruit
Flan	caramel pudding
Fritos	fritters
Helado	ice cream
chocolate/café	chocolate/coffee ice
fresa/vainilla	strawberry/vanilla ice
Merengue	meringue
Mousse (fresa)	mousse (strawberry)
Pastel de queso	cheesecake
Soufflé	soufflé
Tarta de natillas	custard pie
Tarta de ruibarbo	tart (rhubarb tart)
Tarta (de cerezas)	flan (cherry flan)

A los ingleses les gusta mucho la repostería. Encontrará usted una gran variedad de dulces en cualquier menú. Muchos se sirven con natillas, *with custard*.

Desserts

I'll have some...	Voy a tomar un(a)/unos(as)...
apricots	albaricoques
baked sultana pudding	pastel de pasas
blancmange	natilla espesa (de varios sabores)
bread and butter pudding	budín de pan y mantequilla
caramel pudding	flan
cheesecake	pastel de queso
cherry pie	tarta de cerezas
chocolate pudding	budín de chocolate
custard	natillas
flan	flan

RESTAURANTE

fritters	fritos
fruit (fresh/salad)	fruta (fresca/macedonia de)
fruit sundae	mantecado con fruta
ginger pudding	budín de jengibre
ice cream	helado
jam roll	pastel de mermelada
jelly	jalea
lemon meringue pie	tarta de limón con merengue
meringue(s)	merengue(s)
mousse	mousse
pancakes	hojuelas
peaches (and cream)	melocatones (con nata)
peach melba	melocotón melba
pears	peras
pineapple	piña
plum (pie/pudding)	ciruela (tarta/budín)
prunes	ciruelas pasas
raspberries	frambuesas
rhubarb	ruibarbo
rhum-baba	bizcocho borracho
rice pudding	arroz con leche
sago	sagú
semolina	sémola
soufflés (apple/ginger)	soufflés (manzana/jengibre)
strawberries	fresas
tapioca pudding	budín de tapioca
tart	tarta
trifle	dulce de natilla, fruta, bizcocho y nata
waffles	tortitas

Frutas

Quiero un(a) . . .	I want a/an . . .
Quisiera unos(as) . . .	I'd like some . . .
¿Tiene usted . . . ?	Have you any . . . ?
Aguacates	avocado
Albaricoques	apricots
Almendras	almonds
Calabaza	pumpkin

Castañas	chestnuts
Cerezas	cherries
Ciruelas	plums
Coco	coconut
Dátiles	dates
Fresas	strawberries
Higos	figs
Limón	lemon
Mandarinas	tangerines
Manzanas	apples
Melocotones	peaches
Melón	melon
Naranjas	oranges
Nueces (variadas)	nuts (assorted)
Pasas	raisins
Pasas (variedad de)	sultanas
Pasas de Corinto	currants
Peras	pears
Piña	pineapple
Plátano	banana
Ruibarbo	rhubarb
Toronja	grapefruit
Uvas	grapes

Fruit

almonds	almendras
apple	manzana
apricots	albaricoques
banana	plátano
bilberries	arándanos
blackberries	moras
cherries	cerezas
chestnuts	castañas
coconut	coco
cranberries	arándanos agrios
currants	pasa de Corinto
damsons	ciruela damascena
dates	dátiles
figs	higos
gooseberries	uva espina
grapefruit	toronja
grapes	uvas

greengages	ciruela claudia
hazelnuts	avellanas
lemon	limón
loganberries	variedad de mora
melon	melón
mulberries	variedad de mora
nectarine	griñon
oranges	naranjas
peaches	melocotones
pear	pera
pineapple	piña
plum	ciruela
prunes	ciruela pasa
quince	membrillo
raisins	pasas
raspberries	frambuesas
currants	grosellas
rhubarb	ruibarbo
strawberries	fresas
sultanas	variedad de pasa
tangerines	mandarinas
walnuts	nueces

Queso

En el restaurante le ofrecerán un plato con los quesos más famosos extranjeros y los más populares ingleses, que damos en la lista a continuación.

Caerphilly Semi-blando, sin madurar. Debe comerse antes de que se ponga duro.

Cheddar El queso más popular en Inglaterra, proviene del sudoeste del país. Tiene un color amarillo pálido y es mantecoso. Cuando mejor sabe es cuando está maduro. Se emplea también para guisar.

Derby	DAA-bi
Double Gloucester	DA-bal GLO-sta
Leicester	LE-sta

Cheshire	Lleva haciéndose en Inglaterra más de 800 años. Es un queso blando de color rojizo y ligero sabor salado.
Cream cheese	queso cremoso (con cierto parecido al requesón); hay muchas variedades. El *Devonshire cream cheese* es muy sabroso.
Derby	Este es un queso duro y de sabor suave, con la misma apariencia del *Cheddar*. Mejora en sabor al ir madurándose.
Double Gloucester	Cuando está bien maduro tiene un sabor fuerte; es un queso blando.
Lancashire	Un queso blanco y suave, que va teniendo sabor más fuerte al ir madurando.
Leicester	Parecido al *Cheshire*, pero de color naranja rojizo. Sabe mejor cuando es reciente, blando y suave.
Stilton	Es el soberano de los quesos ingleses. Cuando está bien maduro el *blue Stilton* tiene moho en su superficie. La mejor época es de Noviembre a Abril. El *White Stilton* está sin madurar y tiene un sabor más suave.

Wensleydale De Yorkshire. Blanco, blando y de sabor delicado. Algunos son cremosos y dulces.

El queso lo sirven con pan, bollitos de pan o galletas variadas—y también mantequilla. Durante la estación del apio, éste se come mucho con queso.

Si desea saber qué clase de vino debe beber con cierto queso, pregunte al camarero de vinos.

Bebidas

Como se podrá observar habiendo leído las páginas 84–85, la taberna juega un papel importante en la vida inglesa.

La cerveza es sin duda la bebida más popular en Gran Bretaña. Hablando en general, los ingleses prefieren la cerveza de barril (*draught beer*), aunque últimamente las ventas de cerveza embotellada (*bottled beer*) han ido en aumento.

Las cervezas de barril más populares son *mild* y *bitter* y otras más fuertes, de un color obscuro. Hay una gran variedad de cervezas embotelladas. La lista que incloímos a continuación le dará una idea.

light/pale ale no muy fuerte

brown ale obscura, ligeramente dulce

special (algunas pale ales); más cara

stout seca, fuerte de sabor; *Guinness* es stout seca

draught   draaft

lager   más amarga que la europea
y más cara de lo normal

Nota: *draught*—pronunciado *draft*—ale se deriva de una palabra inglesa muy antigua usada para designar los licores que llevan malta; *beer* se empezó a usar cuando se añadió el lúpulo para darle sabor.

Algunos bebedores prefieren mezclar las cervezas. Y así hacen combinaciones como éstas:

mild and bitter
brown (ale) and mild
Black and Tan (Guinness — bitter)
Shandy

Y si puede usted permitirse el lujo:
Black Velvet (champagne and Guinness).

La cerveza se mide por pintas o medias pintas.

¿Qué va usted a beber?	What are you drinking?
Tómese una cerveza.	Have a beer.
Media de "bitter" por favor.	A half of bitter, please
Una pinta de "mild", por favor.	A pint of mild, please.
Dos "lagers", por favor.	Two lagers, please.
Una botella de "light" (ale) por favor.	A bottle of light (ale), please.
¿Una botella de una pinta o de media?	A pint bottle or a half?

El whisky es el licor más popular, seguido de la ginebra, el ron y el vodka. Si pide usted un whisky le darán whisky escocés (también lo hay irlandés). No se bebe mucho coñac en Gran Bretaña. Los licores se sirven con medidas establecidas por la ley (*nip, tot*).

Puede usted pedir sencillo o doble (*single, double*).

A los licores se les llama *short drinks* o simplemente *shorts*. El whisky se bebe con seltz o agua, la ginebra con tónica, naranja o jugo de lima.

RESTAURANTE

Tomaré un whisky, por favor.	I'll have a whisky, please.
¿Sencillo o doble?	Single or double?
Dos sencillos y uno doble, por favor.	Two singles and one double, please.
Deme una ginebra doble con tónica, por favor.	Give me a large gin and tonic, please.
Lo quiero solo.	I'll have it neat.
Con hielo.	On the rocks.
Sólo un poquito de seltz.	Just a dash of soda.
Quiero una ginebra con jugo de lima.	I'll have a gin and lime.
Quiero dos Cuba-libres.	I want two rum and cokes.
Un coñac doble, por favor.	A double brandy, please.

Hay una gran variedad de vinos importados de distintos países.

Quisiera/quisiéramos . . .	I'd/We'd like . . .
una jarra pequeña de . . .	a small carafe of . . .
una jarra	a carafe
un vaso	a glass
una botella	a bottle
media botella	half a bottle
¿Cuánto es la jarra/botella de . . . ?	How much is a carafe/a bottle of . . . ?
¿No tiene algo más barato?	Haven't you anything less expensive?

double	DA-bal
glass	glaass
expensive	ex-PEN-ssiv

Tráigame/nos otro vaso/botella.	Bring me/us another glass/bottle.
Quisiera una copa de jerez/oporto.	I'd like a glass of sherry/port.

seco	dry
dulce	sweet
tinto	red
clarete	rosé
blanco	white

En las tabernas no suelen servir cócteles—excepto seis variedades de *Pimm's Cups*.

Las bebidas no alcohólicas se llaman "soft drinks". Elija entre las siguientes:

Quisiera un(a) . . .	I'd like a . . .
Coca/Pepsi Cola	Coca/Pepsi Cola
agua mineral	mineral water
gaseosa/cerveza de jengibre	lemonade/ginger beer
jugo de naranja/limón	orange/lemon squash
jugo de toronja/tomate	grapefruit/tomato juice
jugo de naranja/piña	orange juice/pineapple juice
cordial de lima	lime cordial
sidra	cider

Finalmente, algunas expresiones . . . que no siempre han de tomarse al pie de la letra.

¡A su salud!	Cheers!/All the best! Down the hatch!/Bottoms up!
Esta ronda es mía. Usted ha pagado la última.	It's my round. You bought the last one.
Esto lo pago yo.	This one's on me.
Esta vez paso.	I'll sit this one out.
Vamos a tomar la última.	Let's have one for the road.

RESTAURANTE

Pagando la cuenta

Hemos llegado al final de la comida y después del festín viene...

¿Me/Nos da la cuenta, por favor?	May I/we have the bill, please?
¿Está el servicio incluido?	Is service included?
Todo está incluído.	Everything's included.
Quédese con la vuelta.	Keep the change.
Esto es para usted.	This is for you.

Si el servicio no está incluído en la cuenta, es corriente dejar una propina del 10%.

¿Le ha gustado la comida? Entonces...

Gracias. Ha sido una comida excelente.	Thank you. That was an excellent meal.
Me/Nos ha gustado mucho. Gracias.	I/We've enjoyed it. Thank you.
Volveremos otra vez.	We'll come again some time.

bought	boot
change	cheinj
excellent	EK-ssa-lant

Quejas

Pero quizá tenga algo de qué quejarse . . .

Eso no es lo que he pedido. He pedido . . .	That's not what I ordered. I asked for . . .
Esto no me gusta.	I don't like this.
¿Puede cambiarme esto?	May I change this?
Esta carne está demasiado hecha/poco hecha/dura.	This meat is overdone/underdone/tough.
Esto está demasiado dulce/amargo/salado.	This is too sweet/bitter/salty.
¿No se ha equivocado usted en la cuenta?	Haven't you made a mistake in the bill?
¿Quiere decir al "maître" que venga?	Would you ask the head waiter to come here?

enjoyed	en-DJOID
tough	taf
mistake	mis-TEIK

Platos típicos de las Islas Británicas

En un libro de este tamaño, sería imposible tratar de dar una lista de todos los platos típicamente británicos que probablemente encontrará usted en un restaurante, y sobre todo si va usted a comer a un hogar inglés. Aquí damos veinticinco entre los más populares.

bread and butter pudding	una mezla de pan, huevos, leche, azúcar y vainilla con pasas. Cocido al horno hasta que se dora.
bubble and squeak	carne y verduras fritos en mantequilla; generalmente, carne de vaca o tocino y repollo.
chicken and grouse pie	pollo, pichón, salchichas, huevos con vino tinto, cebollas y especias, forman el relleno de esta empanada.
Christmas (plum) pudding	una mezcla de sebo en rama, huevos, leche, pan rallado, azúcar, ron (o coñac) y frutas escarchadas. Todo esto se cuece al baño de María y se deja que se ponga meloso.
Cornish pasty	carne (y a veces verduras), con especias y hecho en empanadillas, que se cuecen al horno.
fish and chips	pescado frito (bacalao, rodaballo, merluza, gallo) servido con patatas fritas. Seguramente uno de los platos más populares para aquellos que quieren algo rápido.
Irish stew	carnero, patatas y cebollas, cocido despacio en una olla.

jellied eels	anguilas en gelatina, muy popular en lugares de la costa. También se compran en los puestos del mercado.
jugged hare	pedazos de liebre y albóndigas, estofados y servidos con confitura de grosella.
kedgeree	una mezcla de pescado cocido, frío y desmenuzado con arroz blanco a lo cual se añade salsa picante con curry. Se sirve frío o caliente. El salmón es quizá el pescado más popular para hacer este plato.
Lancashire hot pot	carnero/vaca, riñones y patatas, cocidas al horno en una cazuela de barro.
lemon meringue pie	tarta rellena con una natilla espesa de limón. Cocida al horno con merengue por encima.
mince pies	tartas de hojaldre, rellenas de pasas, frutas escarchadas, nueces, etc. Suelen servirse calientes. Un dulce típico de Navidad.
partridge pie	pedazos de perdiz, ternera picada y cerdo, con especias, hecho en empanada.
roast pheasant	faisán asado al horno, relleno de manzana, mantequilla, jugo de limón, cebolla, aceite y especias. Se asa con lonchas de tocino o cerdo salado encima de la pechuga.
Scotch egg	un huevo cocido, cubierto con una masa hecha de jamón picado y pan rallado, rebozado en huevo y pan rallado y frito. Se sirve frío. Una comida popular en las tabernas.

shepherd's pie	carne picada muy condimentada, con puré de patata por encima y cocida al horno en una cazuela.
spotted dick	budín de pasas cocido al baño de María. Se sirve caliente con crema o natilla.
steak and kidney pie	trocitos de carne de vaca guisados con riñones y esto cubierto con pasta y cocido al horno.
toad-in-the-hole	salchichas al horno con *Yorkshire Pudding*. (véase más abajo).
trifle	bizcocho, bañado en almíbar o jerez con fruta y gelatina.
tripe and onions	callos cocidos a fuego lento en leche y agua. Las cebollas pueden añadirse a la cazuela o servirse aparte fritas.
venison	carne de venado. Puede servirse de muchas formas. Pruébelo asado—aunque es un plato caro.
Welsh rabbit	¡No tiene nada que ver con conejos! —y a veces se escribe *Welsh rarebit*. Consiste simplemente en una tostada de pan caliente, cubierta con queso derretido.
Yorkshire pudding	una mezcla de leche, harina y huevo (lo mismo que para hojuelas) cocida al horno en un cacharro poco profundo hasta que "suba". El budín debe estar dorado por encima. Servido con rosbif, constituye la comida por excelencia del domingo.

Meriendas (Teatime)

Se puede tomar una taza de té casi en cualquier sitio y a cualquier hora, en Inglaterra. Pero "el té" es también una comida, como la merienda española—y tan importante para los ingleses. El té de la tarde, tal y como lo sirven en una "tea-shop" generalmente consiste en una tetera y una serie de rebanadas de pan, bocadillos, pasteles, bollos, confituras y miel.

Una taza de té, por favor.	A cup of tea, please.
Con leche y azúcar.	With milk and sugar.
Un té con limón, por favor.	A cup of tea with lemon, please.
Sin leche ni azúcar.	No milk and sugar for me.
Un té para cuatro, por favor.	A pot of tea for four, please.
Quisiera...	I'd like...
unas galletas/almendrados	some biscuits/macaroons
pan y mantequilla	some bread and butter
miel/confitura	some honey/jam
pan de jengibre	some gingerbread
un pastel	a cake
pastel de fruta	some fruit cake

Y no olvide pedir: *scones, shortbread* y *crumpets*. (Intraducibles pero deliciosos.)

sugar	SJU-ga
biscuits	BISS-kits
honey	HA-ni
jam	djam
scones	skons/skouns

RESTAURANTE

Meriendas—Snacks

Quizá prefiera usted una comida ligera y rápida a una comida en un restaurante.

Deme uno de ésos, por favor.	I'll have one of those, please.
Deme dos de ésos y uno de ésos.	Give me two of those and one of those.
Un vaso de leche fría/caliente, por favor.	A glass of cold/hot milk, please.
Una taza de chocolate/cacao, por favor.	A cup of chocolate/cocoa, please.
Un bocadillo de jamón/queso.	A ham/cheese sandwich.
Deme un (a) . . .	Give me . . .
beefburger/hamburguesa	a beefburger/hamburger
pan y mantequilla	some bread and butter
galletas/pastel	some biscuits/cake
tarta/bollo	a pie/bun
paquete de patatas fritas	a packet of crisps
tableta de chocolate	a bar of chocolate
bollo de pan (con jamón/queso)	a roll (ham/cheese roll)
bocadillo (de huevo cocido)	a sandwich (an egg sandwich)
huevo con patatas fritas	some egg and chips
huevo escalfado con tostada	a poached egg on toast
queso con tostada	some cheese on toast
bocadillo tostado	a toasted sandwich
helado	an ice-cream
Quiero . . .	I'll have . . .
una taza de café (solo/con leche)	a cup of coffee (black/white)
un café exprés	an expresso coffee
dos tazas de té	two cups of tea
un vaso de leche/un batido	a glass of milk/a milk shake
una Coca-cola/naranjada	a coke/an orange squash
¿Cuánto es eso?	How much is that?

Excursiones

En avión

Hay vuelos frecuentes que enlazan las principales ciudades, y cuyo precio no suele exceder en mucho al de un billete de ferrocarril de primera clase. Toda la información que necesite, la encontrará en cualquier agencia de viajes u oficina de una compañía aérea.

¿Habla usted español?	Do you speak Spanish?
¿Hay algún vuelo para...?	Is there a flight to...?
¿Cuándo sale el próximo avión para...?	When's the next plane to...?
¿Puedo hacer un enlace para...?	Can I make a connection to...?
¿Cuánto dura el vuelo?	How long is the flight?
¿Ha llegado el avión de...?	Has the plane from... arrived?
¿A qué hora llega el avión de...?	What time does the plane from... arrive?
¿Cuál es el precio del billete a...?	What's the fare to...?
¿Me da dos billetes para...?	Can I have two tickets to...?
¿A qué hora tengo que presentarme?	What's the checking-in time?
¿Cuánto equipaje me permiten llevar?	How much luggage am I allowed?
El avión para Manchester sale dentro de treinta y cinco minutos.	The plane to Manchester will be leaving in thirty-five minutes.
El avión de Glasgow acaba de aterrizar.	The plane from Glasgow has just arrived.

Y, finalmente, esas palabras deprimentes...

Hay un retraso de...	There will be a delay of...

En el tren

Si tiene usted algún problema de billetes, horarios, etc., en una agencia de viajes o en la recepción del hotel podrán ayudarle. Si prefiere telefonear a la estación, pida que le pongan con *Passenger Enquiries*.

Trenes expresos de gran velocidad, operan en las rutas principales. Ramales de ferrocarril enlazan los pueblos con las capitales de provincias. Las ciudades grandes tienen también un excelente servicio de trenes eléctricos suburbanos. Los trenes son principalmente diesel y eléctricos, pero todavía quedan algunos trenes con locomotora de vapor en algunas partes de Gran Bretaña. Los vagones de primera son muy cómodos; los de segunda no difieren mucho de los de primera. Los domingos el servicio de trenes suele ser menos frecuente que los días laborables.

Clases de trenes

Hay muchas reducciones a la disposición del viajero. Para más detalles, infórmese en una agencia de viajes o en la oficina de información de la estación.

Express   Cubre largas distancias; algunos de estos trenes son más veloces que otros y se detienen sólo en estaciones principales.

Local   Trenes lentos que paran en todas las estaciones; conviene enterarse del servicio de autobuses disponible, desde la estación más próxima al punto de destino buscado.

Motorail	Para los automovilistas hay durante el período de vacaciones, primavera y otoño unas veinte rutas distintas, incluyendo puertos de embarque. Se recomienda reservar con anticipación.
Sleeping Car	Departamentos de una sola cama (primera clase) de dos camas (segunda clase); ropa de cama y lavabos; refrigerios; si lo desea, pueden servirle el desayuno en su departamento; circulan principalmente en las rutas de Sur a Norte y viceversa.
Restaurant Car	Desayuno, café a media mañana, comida, té o cena ligera por la tarde, cena, bar. Para a viajeros de primera y segunda clase.
Buffet Car	Refrigerios, bebidas alcohólicas; en algunos casos comidas a la carta. Para a viajeros de primera y segunda clase.
Guard's Van	Equipaje, bicicletas, cochecitos de niño, etc.

ENTRANCE	ENTRADA
EXIT	SALIDA
TO THE PLATFORMS	ACCESO A LOS ANDENES

EXCURSIONES

Londres tiene numerosas estaciones de ferrocarril que pueden ocasionarle confusiones; por tanto conviene asegurarse de la estación que le corresponde de acuerdo con su destino. *Eastern Region*, King's Cross, Liverpool Street, Fenchurch Street; *London Midland Region*, Euston, St. Pancras, Marylebone, Baker Street; *Southern Region*, Waterloo, Charing Cross, London Bridge, Victoria, Cannon Street, Holborn Viaduct, Blackfriars; *Western Region*, Paddington. De algunas estaciones pertenecientes a Eastern Region o London Midland Region, salen trenes también para el Norte y Escocia.

Yendo a la estación

¿Dónde está la estación de ferrocarril?	Where's the railway station?
Lléveme a la estación de ferrocarril.	Take me to the railway station.
Tengo prisa.	I'm in a hurry.

Billetes

¿Dónde está la oficina de información?	Where's the inquiry/information office?
¿Dónde está la oficina de reservas?	Where's the reservation office?
¿Dónde está la taquilla?	Where's the ticket/booking office?
Quiero un billete para . . .	I want a ticket to . . .
¿Primera o segunda clase?	First or second class?
Primera, por favor.	First, please.
¿Ida o ida y vuelta?	Single or return?
Dos idas para . . .	Two singles to . . .
Deseo reservar dos asientos para el tren que va a Bath el jueves, a las 12.18 horas.	I want to reserve two seats on the 12.18 train to Bath on Thursday.

Quiero un departamento para fumadores/no fumadores.	I want a smoking/smoking compartment.
¿Cuál es el precio del billete a . . . ?	How much is the fare to . . . ?
¿Paga un niño medio billete?	Is it half price for a child?
¿Qué edad tiene el niño?	How old is the child?
Trece años.	Thirteen.
Sí, paga medio billete hasta los 14.	Yes, it's half price up to the age of fourteen.

Otra información

¿Es un tren directo?	Is it a through train?
No; tiene usted que hacer transbordo en Salisbury.	No, you have to change at Salisbury.
¿Tengo que hacer transbordo?	Do I have to change trains?
Bájese en Bristol y tome un tren local.	Change at Bristol and get a local train.
¿Para el tren en . . . ?	Does the train stop at . . . ?
¿Puedo hacer un alto en Leicester?	Can I break the trip at Leicester?
¿Cuándo sale el primer/último/próximo tren para . . . ?	When is the first/last/next train to . . .
¿A qué hora sale el tren para Newport?	What time does the train for Newport leave?
¿A qué hora llega el tren de Oxford?	What time does the train from Oxford arrive?
¿Llega antes de su hora/con retraso/puntual?	Is it early/late/on time?
¿Hay coche restaurante en el tren?	Is there a restaurant car on the train?

through	zruu
change	cheindj
arrive	a-RAIV

¿Dónde está el/la . . . ?

¿Dónde está el . . . ?	Where's the . . . ?
bar/buffet/restaurante	bar/buffet restaurant
la consigna	left luggage office
la oficina de objetos perdidos	lost property office
el kiosco de periódicos/libros	newsstand/bookstall
la oficina del jefe de estación	Stationmaster's office
la cabina telefónica	telephone booth
la sala de espera	waiting room

Andén

¿De qué andén sale el tren para Bournemouth?	What platform does the train for Bournemouth leave from?
Andén 6.	Platform six.
¿A qué andén llega el tren de Exeter?	What platform does the train from Exeter arrive at?
Andén 9.	Platform nine.
¿Dónde está el andén 7?	Where is Platform seven?
Allí/abajo.	Over there/downstairs.
A la izquierda/derecha.	On the left/right.

Llegada y salida

¡Cierren las portezuelas!	Close the doors!
Apártese, por favor.	Stand back, please.
Perdone. ¿Me permite pasar?	Excuse me. May I get by?
¿Está ocupado este asiento?	Is this seat taken?
Creo que éste es mi asiento.	I think that's my seat.

luggage	LA-ghidj
downstairs	daun-STE-as
excuse me	ex-KIÚÚS mi

EXCURSIONES

¿Qué estación es ésta?	What station is this?
¿Cuánto tiempo para el tren aquí?	How long does the train stop here?
¿Puede decirme a qué hora llegamos a...?	Can you tell me what time we get to...?

| NO SMOKING | PROHIBIDO FUMAR |

En el tren

Su billete será revisado al entrar al andén y recogido al llegar a su destino. Durante el viaje, un revisor suele ir por el tren pidiendo los billetes, (*Tickets, please*). He aquí una advertencia. Si se sienta usted en un departamento de primera clase, con un billete de segunda porque no encuentra usted sitio en un departamento de segunda clase, el revisor le hará pagar el precio total del billete de primera y no sólo la diferencia de precio entre los dos billetes.

Comida

Si quiere usted comer en el coche restaurante el camarero le dará un talón (por el cual no tiene que pagar). Hay generalmente, dos turnos para desayunar, comer y cenar. Diga al camarero el que prefiere.

| Primer/segundo turno, por favor. | First/second sitting, please. |

En el buffet del tren, puede usted tomar una comida ligera y bebidas alcohólicas; el bar está abierto en el coche restaurante, cuando no están sirviendo comidas.

Durmiendo en el tren

| ¿Hay algún departamento con una litera libre? | Is there a vacant single-berth compartment? |
| No, todas las literas están ocupadas. | No, all the berths are taken. |

¿Queda alguna litera de segunda clase?	Are there any second-class berths left?
Se lo diré dentro de unos minutos.	I'll let you know in a few minutes.
Preferiría la litera de arriba.	I'd prefer an upper berth.
¿Dónde está el coche-cama?	Where's the sleeping car?
Tres vagones más adelante/atrás	Three coaches forward/back.
¿Me puede usted llamar a las 7?	Would you call me at seven o'clock?
¿Me puede traer el desayuno por la mañana?	Would you bring me a breakfast tray in the morning?

Equipaje y mozos

¿Puede Ud encargarse del equipaje?	Can you help me with my cases?
Póngalo en un departamento de primera.	Put them in a first-class compartment.
Póngalo en el furgón.	Put them in the guard's van.
Búsqueme un asiento en el rincón.	Find me a corner seat.
Gracias.	Thank you.

Perdido

He perdido mi ...	I've lost my ...
¿Dónde está la oficina de objetos perdidos?	Where's the lost-property office?

Horario

Si entra dentro de sus planes el viajar mucho en tren, le será muy útil una guía de ferrocarriles. Para viajar desde Londres la guía oficial es la *ABC Rail Guide,* en la cual va incluída una guía de hoteles.

El Metro

El Metro de Londres (*Underground—Tube*) comprende una red de 273 estaciones, que se extiende a puntos aproximadamente a 25 millas (40 kms) al norte y 10 millas (15 kms) al sur del río Támesis. No todas las estaciones son subterráneas; sólo aquellas que están en o cerca de Londres. Dentro de cada estación hay un mapa con las distintas rutas (marcadas en diferentes colores). También se pueden comprar mapas de bolsillo en los kioskos de periódicos, agencias de viajes, etc.

Hay oficinas de información en todas las estaciones.

Los billetes se pueden comprar en la taquilla o en las máquinas automáticas. Pueden comprarse billetes de ida o de ida y vuelta. (Los niños de menos de catorce años pagan medio billete. Los menores de tres años no pagan.)

Trate de no viajar durante el rush hour (las horas punta) (8.45 a 9.45 de la mañana, y 5 a 6 de la tarde) cuando el metro va lleno de gente que va o viene de trabajar.

¿Dónde está la estación de metro más próxima?	**Where's the nearest underground station?**
¿Va este metro a . . . ?	**Does this train go to . . . ?**
¿Puede decirme cuándo llegamos a . . . ?	**Can you tell me when we get to . . . ?**
¿Dónde tengo que hacer transbordo para . . . ?	**Where do I change for . . . ?**
¡Cuidado con las puertas, por favor!	**Mind the doors, please!**

Autobuses—Coches de linea

autobús	**bus**
autobús de linea	**coach**
conductor	**driver**
cobrador	**conductor**

Los autobuses son de uno o dos pisos (*single decker* o *double decker*). La mayoría de los autobuses llevan un cobrador (*conductor*) que se ocupa de los billetes y el conductor (*driver*). En algunos autobuses se paga un precio fijo poniendo una moneda en una máquina que hay a la entrada; en otros el conductor es también el cobrador.

No lleve mucho equipaje, ya que hay poco sitio donde ponerlo. En los autobuses de dos pisos se puede fumar sólo en el piso de arriba.

En Londres verá usted una parada de autobús para tres o cuatro números de autobuses distintos; asegúrese al ponerse en la cola que está usted en la que le corresponde. Y súbase al autobús en cuanto llegue, ya que no esperan mucho.

En Gran Bretaña hay ciertas paradas de autobús que se llaman *request*. Si quiere usted bajarse o subirse en una de estas paradas, tendrá que hacer seña al conductor de que pare; si no, pasará de largo.

Los viajes en coches de línea son baratos; y hay buenos servicios de noche. Compre el billete con anticipación a través de las oficinas de la compañía, o de una agencia de viajes. Hay ciertas restricciones respecto a la clase y cantidad de equipaje que se puede llevar; el seguro personal o de equipaje es como en el ferrocarril. Hay una buena red de coches de línea por toda Gran Bretaña.

ALQUILER DE COCHES, ver pag. 18

¿Dónde puedo tomar un autobús para . . . ?	Where can I get a bus to . . . ?
¿Qué autobús tomo para . . . ?	What bus do I take for . . . ?
El 18.	Number eighteen.
¿Va este autobús a . . . ?	Does this bus go to . . . ?
¿Dónde está la estación/ parada/terminal de autobuses?	Where's the bus station/ bus stop/terminus?
¿Cada cuánto tiempo pasan los autobuses para . . . ?	How often do the buses to . . . run?
¿Cuándo sale el primer/ último/ próximo autobús para . . . ?	When's the first/last/next bus to . . . ?
¿Tengo que cambiar de autobús?	Do I have to change buses?
Sí, cambie en . . .	Yes, change at . . .
¿Puede decirme cuándo me tengo que bajar?	Will you tell me when to get off?
Quiero bajarme en Marble Arch.	I want to get off at Marble Arch.
Por favor, pare en la próxima parada.	Please let me off at the next stop.
¡Billetes, por favor!	Fares, please!

Nota: Muchas agencias de viajes hacen un precio especial para excursiones en las que se puede enlazar un viaje en avión con uno en coche de línea y otro en barco.

bus	bass
buses	BA-sses
station	STEI-sjan

EXCURSIONES

¿Cuánto cuesta el billete a . . . ?	How much is the fare to . . . ?
Su equipaje tendrá que ir en el portaequipajes.	Your luggage will have to go in the boot.
Quiero mi equipaje, por favor.	I want my luggage, please.

Barcos

Su agencia de viajes le facilitará información sobre las facilidades para viajar en lagos, ríos y barcos de recreo en los diferentes puertos.

Para viajar en los vapores ingleses, las frases de la sección de ferrocarriles le serán suficientes. Aquí le damos únicamente unas pocas palabras más, tales como:

berth	litera
boatdeck	cubierta
cabin	camarote
saloon	salón
excursion	excursión
pier	embarcadero
pleasure boat	barco de recreo
locks	exclusa

Otros medios de viajar

aerodeslizador	hovercraft
andando	walking
barca de remos	rowing boat
bicicleta	bicycle
a caballo	riding (horse)
canoa	canoe
helicóptero	helicopter
en potro	pony-trekking

Diversiones

Cine—Teatro

Muchos cines tienen sesión continua, que suele empezar a las dos de la tarde los días laborables y algo más tarde los domingos. Para películas de largo metraje las localidades son numeradas y deben reservarse con anticipación.

Los teatros se cierran los domingos, (excepto los teatroclubs). La función empieza a las siete y media o las ocho de la tarde; hay matinées el sábado y otro día entre semana. Todas las localidades pueden reservarse, excepto las de paraíso (*gallery*).

Hay carteleras de espectáculos en los periódicos y publicaciones como *This week in* . . . o *What's on* . . . Antes de ir al cine, conviene cerciorarse si la sesión es continua o no. Se pueden reservar localidades para el cine o el teatro por teléfono; pero hay que recogerlas una hora antes de la función. En ciudades grandes hay agencias de venta de localidades.

En Londres ponen muchas películas extranjeras; están dobladas en inglés, a no ser que pongan en las carteleras *with sub-titles* (con subtítulos).

Una película con el signo "X" no es apta para menores de dieciséis años; "A" tolerada para menores de dieciséis años, acompañados de un adulto; "U" para todos los públicos.

¿Tiene usted "This Week in . . ."?	**Have you a copy of "This Week in . . ."?**
¿Qué ponen en el cine/teatro?	**What's on at the cinema/theatre?**

DIVERSIONES

¿Qué ponen en el cine Odeon/en el National Theatre esta noche?	What's on at the Odeon Cinema/the National Theatre tonight?
¿Qué clase de película/obra es?	What sort of film/play is it?
Es una película americana nueva.	It's a new American film.
¿Puede recomendarme una	Can you recommend
buena obra/película	a good play/film
una comedia/un drama	a comedy/drama
una comedia musical/una revista	a musical/revue
de intriga/del Oeste	a thriller/western
algo ligero?	something light?
¿En qué teatro ponen esa nueva obra de . . . ?	At what theatre is that new play by . . . running?
¿Dónde ponen esa nueva película de . . . ?	Where's that new film by . . . showing?
¿Quién actúa?	Who's in it?
¿Quién es el director/productor?	Who's the director/producer?
¿A qué hora empieza la película/la obra?	What time does the film/play begin?
¿A qué hora termina?	What time does the show end?
¿Hay matinée/función de noche?	Is there a matinée/late night show?
¿Cómo se va al cine Ritz?	How do I get to the Ritz cinema?
¿Quedan entradas para esta noche?	Are there any tickets for tonight?

Lo siento, está todo vendido.	I'm sorry, we're sold out.
Quiero reservar dos localidades para la función del viernes.	I want to book two tickets for the show on Friday.
Quiero una localidad de butaca/anfiteatro/paraíso.	I'd like a seat in the stalls/circle/gallery.
¿Cuáles son las localidades de butaca más baratas?	What are the cheapest seats in the stalls?
No muy delante/detrás.	Not too far forward/back.
En el centro.	Somewhere in the middle.
¿Me enseña su(s) entrada(s)?	May I see your ticket(s)?
Aquí está(n).	Here it is/they are.
¿Dónde está el guardarropa?	Where's the cloakroom?
¿Me da un programa, por favor?	May I have a programme, please?

Opera—Ballet—Conciertos

¿Dónde está el teatro de la opera/la sala de conciertos?	Where's the Opera House/Concert Hall?
¿Qué ópera/ballet ponen esta noche?	What is the opera/ballet tonight?
¿Quién canta/baila?	Who is singing/dancing?
¿Qué compañía/orquesta actúa?	Which company/orchestra is performing?
¿Quién es el director?	Who is the conductor?
¿Qué tocan?	What are they playing?
¿A qué hora empieza el programa?	What time does the programme start?

DIVERSIONES

Salas de fiestas

Las salas de fiestas son muy parecidas en el mundo entero, particularmente en los precios exorbitantes.

En las más caras se puede bailar, cenar bien y ver atracciones. Suele haber un precio fijo con derecho a consumición y las bebidas son caras. Se recomienda reservar mesa con anticipación y suelen estar abiertas hasta las dos de la madrugada. Algunos clubs sólo admiten socios. Conviene enterarse de los precios antes de pedir la consumición; y cuente con que las bebidas son caras y que probablemente habrá algún recargo en la cuenta.

¿Puede usted recomendarme una buena sala de fiestas/cabaret/atracciones?	Can you recommend a good night club/cabaret/floor show?
¿A qué hora empiezan las atracciones?	What time does the floor show start?
Hay dos actuaciones, una a las diez y otra a las doce.	There are two shows—one at 10 o'clock, the other at midnight.
¿Hay que ir de etiqueta?	Is evening dress necessary?
Una mesa para dos, por favor.	A table for two, please.
¿Ha reservado mesa?	Have you a reservation?
Sí, he telefoneado antes.	Yes, I telephoned earlier.
Mi nombre es . . . he reservado una mesa para cuatro cerca de la pista.	My name's . . . I reserved a table for four near the dance floor.

Bailes

¿Dónde se puede ir a bailar?	Where can we go dancing?
¿Hay alguna discoteca por aquí cerca?	Is there a discotheque anywhere near here?

¿Dónde se puede cenar y bailar?	Where can we go to dine and dance?
Hay un baile (de disfraces) en . . .	There's a (fancy-dress) ball at . . .
¿Quiere usted bailar?	Would you like to dance?
¿Me permite este/el próximo baile?	May I have this dance/the next dance?

Casinos/Cases de juego

En 1960 se legalizaron muchos juegos europeos que en Gran Bretaña habían estado hasta entonces prohibidos, y un gran número de clubs se han abierto en Londres y otras ciudades.

Deportes

¿Dónde está el campo de golf más próximo?	Where's the nearest golf course?
¿Puedo/podemos alquilar palos de golf?	Can I/we hire golf clubs?
¿Dónde están las pistas de tenis?	Where are the tennis courts?
¿Podemos alquilar raquetas/equipo?	Can we hire rackets/equipment?
¿Qué cobran por hora/día/partido?	What's the charge per hour/day/round?
¿Hay una piscina (cerca de) aquí?	Is there a swimming pool (near) here?
¿Es al aire libre o cerrada?	Is it an open-air or indoor pool?
¿Es de agua caliente?	Is it heated?
¿Se puede nadar en el río/lago?	Is it safe to swim in the river/lake?

course	koos
hire	HAI-a
hour	AU-a

¿Dónde está el hipódromo más próximo?	Where's the nearest race course?
¿A qué hora es la primera carrera?	What time is the first race?
Quisiera ver un combate de boxeo/lucha libre.	I'd like to see a boxing/wrestling match.
Quisiera ir a una pista de hielo.	I'd like to go to a skating rink.
¿Puedo alquilar unos patines allí?	Can I hire a pair of skates there?
¿Dónde está la bolera más próxima?	Where's the nearest bowling alley?
¿Hay algún partido de fútbol aquí, hoy?	Is there a football (soccer) match here today?
Sí, empieza a las dos y media.	Yes, the kick-off's at two-thirty.
¿Quién juega?	Who's playing?
El Chelsea contra el Arsenal.	Chelsea v* Arsenal.
¿Hay buena pesca por aquí?	Is there any good fishing around here?
Sí, pero se necesita una licencia.	Yes, but you'll need a permit.
¿Dónde puedo obtener una licencia?	Where can I get a permit?

*v (pronunciado vi) es abreviación de *versus*.

Se pueden alquilar aparejos en lugares de pesca famosos.

La temporada oficial de pesca es desde mediados de junio a mediados de marzo; el salmón tiene su temporada especial que varía según los ríos, aproximadamente de enero a octubre; la de la trucha es también variable: de marzo a septiembre.

Cricket?

No, no vamos a tratar de explicar las reglas de este juego tan complicado. Baste decir que un partido puede durar ¡hasta tres días! Nos contentaremos con sólo una frase.

Quisiera/quisiéramos ver un partido de cricket.	I'd/We'd like to see a cricket match.

En la playa

¿Se puede nadar sin peligro?	Is it safe for swimming?
¿Hay algún vigilante?	Is there a lifeguard?
¿Es segura para los niños?	Is it safe for children?
Hoy no. Está la bandera roja.*	Not today. The red flag's up.
¿Hay corrientes peligrosas?	Are there any dangerous currents?
¿A qué hora sube/baja la marea?	What time is high/low tide?
Quiero/¿Podemos alquilar . . .?	I want to hire/Can we hire . . .?
un colchón neumático	an air mattress
una cabina	a bathing hut
una silla de tijera	a deck chair
una sombrilla	a tent

*Una bandera roja u otra señal, significa que es peligroso bañarse.

equipo de natación submarina	some diving equipment
un patín acuático	a surf board
unos esquís acuáticos	some water skis
¿Dónde puedo alquilar...?	Where can I rent...?
una canoa	a canoe
un yate	a cabin cruiser
una motora/barca de remos	a motor/rowing boat
un yate a vela/un dinghy	a yacht/sailing dinghy
¿Qué cobran por hora/día?	What's the charge per hour/per day?

PRIVATE BEACH PLAYA PARTICULAR	**NO BATHING** PROHIBIDO BAÑARSE

Pubs

La taberna se llama en inglés *public house*, pero el nombre ha sido abreviado a *pub*. La *pub* británica es una gran atracción turística.

Las tabernas en Gran Bretaña no están abiertas todo el día. El horario máximo (en Londres) es de once a tres de la tarde y de cinco y media a once de la noche. En la mayoría de las tabernas se puede tomar un refrigerio: bocadillos, empanadillas, ensaladas, etc. En muchas sirven también comidas y cenas que pueden tomarse en el mostrador o en un comedor adjunto. Jugar por dinero en las tabernas está permitido, siempre y cuando sean cantidades pequeñas y sólo a ciertos juegos. Pero los taberneros tienen distintas maneras de divertir al público; en algunas tienen un piano a cuyo acompañamiento a menudo se animan a cantar los parroquianos; en otras se organizan las competiciones mas excéntricas; por ejemplo, en *The Greyhound* (Wargrave), los equipos, armados de calabacines enormes, tratan de pegarse unos a otros. Se ignoran los motivos que originaron este extraño deporte, pero es divertido verlo. Por otro lado en *The Harrow* en Charlton Village (distrito de Middlesex) tiene uno la oportunidad de poder beber la cerveza de un jarro que cuelga del techo.

En las tabernas de los pueblos, es seguro encontrar a los parroquianos jugando a distintos juegos. Si tiene usted curiosidad pregunte: ¿A qué juegan ustedes? (*What's that you're playing?*).

El interior de una taberna puede ser lóbrego o elegante. Algunas están puestas con muebles de estilo. Existen unas cuantas que, se cree, datan del siglo trece, y muchas tienen asociaciones históricas de una clase u otra.

Las tabernas pueden llevar nombres de personajes famosos de la historia, la literatura, la nobleza, los deportes; o que hacen alusión a cierto escudo o emblema. Por ejemplo:
The Duke of Wellington, The Shakespeare, The Wagon Wheel, The Bat and Ball, The Star and Garter, The King Lud.

La mayoría de las tabernas, pertenecen a grandes compañías cerveceras. Aún quedan algunas que pertencen a un propietario particular, pero están siendo rápidamente absorbidas por las grandes compañías.

En las tabernas, la cerveza, en lo que llaman *public bar* es algo más barata que en el *saloon bar*, que está mejor amueblado. Un *Lounge Bar* suele tener camarero o una camarera que sirve en las mesas.

Los nombres que reciben los distintos departamentos en que están divididas las tabernas, varían según las regiones. Preden llamarse *Tap Room, Sitting Room/ Smoke Room* o *Parlour, Private Bar*. En todos ellos se puede beber, que es de lo que se trata.

DIVERSIONES

Juegos

¿Juega usted al ajedrez?	You don't happen to play chess?
Me temo que no.	I'm afraid I don't.
Sí, me gustaría una partida.	Yes, I'd like a game.
No, pero le juego una partida de damas.	No, but I'll give you a game of draughts.
¿Juega usted a las cartas?	Do you play cards?

as	ace
rey	king
reina	queen
sota	jack
bridge	bridge
gin rummy	gin rummy
whist	whist
pontoon	pontoon
. . . póker!	. . . poker!

¿Quiere jugar una partida de . . .?	Would you like a game of . . .?
billar	billiards
billar	bar billiards
flechas	darts
dominó	dominos
bolos	skittles
ping-pong	table-tennis
rey	king
reina	queen
torre	castle
alfil	bishop
caballo	knight
peón	pawn
Jaque	Check!
Jaque mate	Checkmate!

DIVERSIONES

HACIENDO AMIGOS

Haciendo amigos

Los ingleses tienen fama de ser vergonzosos, fríos y reservados. Esta es una idea falsa. Los ingleses son, en realidad, muy amables y se desviven por ayudar a cualquiera que se encuentre en una dificultad; pero quizá son un poco cohibidos cuando se trata de invitar extraños a sus hogares.

Pronto verá usted que empiezan a llamarse por sus nombres de pila, ya que los gentilicios *Mr*, *Mrs* y *Miss* no se pueden usar por sí solos. Otra razón por la que se da esta familiaridad es porque en inglés solo existe la forma *you* para las formas "tú" y "usted".

La amabilidad del policía inglés* es un ejemplo de este característico deseo de ayudar. Es particularmente simpático con el extranjero que necesita de él.

El sentido del humor inglés es algo difícil de entender al principio. Es una rara mezcla de fantasía e hipérbole. (En el relato de una anécdota, por ejemplo, una situación puede exagerarse hasta resultar absurda.) Esto es adornado con juegos de palabras y de doble sentido.

Aquí ponemos fin a las observaciones sobre las costumbres y características de los ingleses, pero no creemos que tenga usted mucha dificultad en hacer amistades.

Quizá las frases que damos a continuación le sirvan de ayuda.

---

*Contradiciendo la opinión de la mayoría, la palabra "bobby" (refiriéndose a un policía) no se oye muy a menudo entre la gente de habla inglesa.

Presentaciones

He aquí algunas frases que le ayudarán a iniciar una conversación.

¿Cómo está usted?	How do you do?
¿Cómo está usted?	How are you?
Muy bien, gracias.	Very well, thank you.
Bien gracias. ¿Y usted?	Fine thanks. And you?
¿Me permite presentarle a Miss Elmes?	May I introduce Miss Elmes?
Quiero presentarle a un amigo mío.	I'd like you to meet a friend of mine.
John, éste(a) es...	John, this is...
Mi nombre es...	My name is...
Tengo mucho gusto en conocerle.	I'm very pleased to meet you.
Encantado de conocerle.	Delighted to meet you.

Continuación

¿Cuánto tiempo lleva usted aquí?	How long have you been here?
¿Es su primera visita a Inglaterra?	Is this your first visit to England?
Llevamos aquí una semana/diez días.	We've been here about a week/ten days.
No, vinimos el año pasado.	No, we came here last year.
¿Ha venido usted solo(a)?	Are you on your own?
Estoy con mi mujer/familia.	I'm with my wife/family.
mis padres	parents
unos amigos	some friends
Espero que nos volvamos a ver pronto.	I hope we'll see you again soon.
Ha sido un placer conocerle.	Well, it was nice meeting you.
Hasta luego/mañana.	See you later/tomorrow.

HACIENDO AMIGOS

¿De dónde es usted?	Where do you come from?
¿De qué parte de . . . es usted?	What part of . . . do you come from?
Soy/somos de . . .	I'm/We're from . . .
¿Vive usted aquí?	Do you live here?
Soy estudiante. Estudio . . .	I'm a student. I'm studying . . .
Estamos aquí de vacaciones.	We're here on holiday.
Estoy aquí en viaje de negocios.	I'm here on a business trip.
Soy negociante	I'm in business.
¿Qué negocio es el suyo?	What kind of business are you in?
Estoy en el negocio de . . .	I'm in the . . . business
Soy secretario(a)/ingeniero.	I'm a secretary/an engineer.
¿En qué trabaja usted?	What sort of work do you do?
Soy oficinista/maestro/abogado.	I'm a clerk/teacher/lawyer.

Todo el mundo cree que los ingleses se pasan la vida hablando del tiempo. No es así. Pero por si acaso . . .

El tiempo

¡Qué día tan bueno!	What a lovely day!
¡Qué tiempo tan horrible hace!	What awful weather we're having!
¡Qué frío/calor hace hoy!, ¿verdad?	Isn't it cold/hot today?
Hace mucho frío/calor, ¿verdad?	It's very cold/warm, isn't it?
¿Llueve/hace tanto viento generalmente?	Is it usually so rainy/windy?
¿Qué temperatura hay afuera?	What's the temperature outside?

PARA NACIONALIDADES, ver. pag. 183

Invitaciones

Mi mujer y yo quisiéramos invitarle a comer/cenar el . . .
My wife and I would like you to lunch/dine with us on . . .

¿Puede usted venir a cenar mañana por la noche?
Can you come to supper/dinner tomorrow night?

¿Puede usted venir a tomar unas copas esta noche?
Can you come for cocktails this evening?

Damos una fiesta esta noche. ¿Puede usted venir?
We're giving a party tonight. Can you come?

Es usted muy amable.	That's very kind of you.
Me/nos encantaría venir.	I'd/We'd love to come.
¿A qué hora venimos?	What time shall we come?
¿Puedo traer un amigo?	Can I bring a friend?
¿Traigo una botella de algo?	Shall I bring a bottle?
Lo siento, nos tenemos que ir ahora.	I'm afraid we've got to go now.
Muchísimas gracias por el rato tan agradable.	Thank you for a very nice time.
La próxima vez tienen que venir ustedes a nuestra casa.	Next time you must come round to us.

Citas

¿Quiere usted un cigarrillo?	Would you like a cigarette?
¿Puedo invitarla a una bebida?	Can I get you a drink?
Perdóneme. ¿Puede ayudarme?	Excuse me. Can you help me?
¿Tiene usted lumbre, por favor?	Have you got a light, please?
¿Está usted esperando a alguien?	Are you waiting for someone?
¿Está usted libre esta noche?	Are you free this evening?

HACIENDO AMIGOS

PARA TEMPERATURAS, ver. pag. 182

¿Quiere usted ir a bailar?	Would you like to go to a dance?
¿Vamos al cine/teatro?	Shall we go to the cinema/theatre?
¿Quiere usted ir a dar una vuelta en coche?	Would you like to go for a drive?
¿Dónde quedamos citados?	Where shall we meet?
¿A qué hora nos vemos?	What time shall I meet you?
La recogeré en su hotel.	I'll pick you up at your hotel.
Le recogeré a las ocho.	I'll call for you at eight.
¿Puedo acompañarle a casa?	May I take you home?
¿Puedo verle otra vez mañana?	Can I see you again tomorrow?
Gracias, ha sido una tarde maravillosa.	Thank you, it's been a wonderful evening.
Me he divertido muchísimo.	I've enjoyed myself tremendously.
Gracias, lo he/hemos pasado estupendamente.	Thanks, I've/we've had a fabulous time.
¿Vive usted en un piso/una habitación?	Do you have your own flat/room?
¿Vive usted solo(a)?	Do you live alone?
¿Vive usted con sus padres?	Do you live with your parents?
¿A qué hora es su último tren?	What time is your last train?
¿Cuál es su número de teléfono?	What's your telephone number?
Le (la) llamaré mañana por la mañana.	I'll ring you tomorrow morning.
Buenas noches . . .	Goodnight . . .

Los bancos

Aparte de los bancos, hay oficinas de cambio de moneda en aeropuertos, estaciones y agencias de viajes.

Los bancos están abiertos de 9.30 (mañana) a 3.30 (tarde), y los miércoles o jueves, además, de 4.30 a 6 de la tarde. Están cerrados los sábados, domingos y días de fiesta.

Recuerde llevar su pasaporte al ir al banco. Pueden pedírselo.

¿Dónde está el . . . ?

¿Dónde está el banco más próximo?	Where's the nearest bank?
¿Dónde puedo cambiar unos cheques de viajero?	Where can I cash some traveller's cheques?
¿Hay algún banco . . . aquí?	Is there a . . . Bank here?
¿A qué hora abren/cierran el banco?	What time does the bank open/close?

En el banco

Quiero cambiar unas pesetas.	I want to change some pesetas.
¿A qué ventanilla tengo que ir?	What counter (window) do I go to?
¿Hay alguien aquí que hable español?	Is there anyone here who speaks Spanish?
¿Puedo ver su pasaporte, por favor?	Can I see your passport, please?
Aquí está.	Here it is.

Cambio de moneda

¿A cómo está el cambio?	What's the exchange rate?
¿Cuánto vale este billete . . . ?	How much is this note worth . . . ?
—en libras	—in pounds
—en pesetas.	—in pesetas.

Vale . . .	It's worth . . .
Quisiera libras, por favor.	I'd like pounds, please.
¿Puede cambiarme un cheque personal?	Can you cash a personal cheque?
No podemos cambiar cheques personales.	We can't cash personal cheques.
Sí, pero tendremos que hacer la comprobación del cheque.	Yes, but the cheque will have to be cleared.
¿Cuánto tiempo llevará eso?	How long will that take?
Tengo una carta de crédito.	I have a letter of credit.
una orden de pago	a bankers' draft
una carta de presentacion de . . .	an introduction from . . .
Estoy esperando un dinero de . . . ¿Ha llegado?	I'm expecting some money from . . . Has it arrived yet?

Conversión de cambios

Con las fluctuaciones del cambio hoy en día, sólo podemos ofrecerle este cuadro que podrá completar Vd. mismo.

	Pesetas
5p	
10p	
50p	
£ 1	
£ 10	
£ 20	

worth	uööz
cheque	chek
money	MA-ní

¿Me ha mandado mi banco un giro?	Has my bank cabled me a remittance?
¿Puede usted telefonear a mi banco en . . . ?	Can you telephone my bank in . . . ?
Deme cuatro billetes de diez libras, dos de cinco y cinco de una libra.	Give me four ten-pound notes, two five-pound notes and five one-pound notes.
Deme algún dinero suelto, por favor.	Give me some small change, please.
¿Puede usted comprobar eso otra vez?	Will you check that again, please?

Para ingresar dinero

Quiero ingresar esto en mi cuenta.	I want to pay this into my account.
Quiero ingresar esto en la cuenta de Mr. Simon.	I want to pay this into Mr Simon's account.
¿Le importaría llenar esta ficha?	Would you mind filling this form?
Firme aquí, por favor.	Sign here, please.

Moneda

La unidad monetaria, la libra esterlina (que se representa por el símbolo £) se divide en 100 peniques (abreviatura **p.**).

Billetes: £1, £5, £10, £20, £50.
Monedas: ½p., 1p., 2p., 5p., 10p., 20p., 50p., £1.

Una pequeña complicación: dos piezas del período pre-decimal siguen teniendo curso legal, a saber la de 2 chelines (que vale ahora 10p. y tiene el mismo tamaño que la nueva moneda) y de la 1 chelín (que vale 5p. y tiene las mismas dimensiones que la nueva pieza).

GUÍA DE COMPRAS

Guia de compras

Esta sección está destinada a ayudarle a encontrar lo que necesite, con facilidad, acierto y rapidez. Contiene:

1) una lista de las tiendas y almacenes más importantes y otros establecimientos.

2) algunas de las expresiones más corrientes, que necesitará al ir de compras.

3) toda clase de detalles sobre tiendas y establecimentos de los cuales, probablemente, necesitará usted servirse. Aquí encontrará usted advertencias, listas de artículos en orden alfabético y tablas de conversiones— cada una bajo uno de los encabezamientos que damos a continuación.

Encabezamiento	Principales Artículos	Página
Aparatos eléctricos	radios, magnetofones, etc. y discos	114
Comestibles	comestibles para meriendas en el campo, etc.	124
Estanco	artículos de fumador y tambien caramelos, bombones, etc.	127
Farmacia/ Perfumería	medicinas, botiquín, cosméticos artículos de aseo.	105
Fotografía	artículos de fumador y también máquinas fotográficas, carretes, revelado.	122
Joyería	joyas, relojes, reparación de relojes.	119
Lavandería/ Tintorería	lavado, lavado automático, limpieza en seco.	121
Librería/Periódicos	libros revistas, periódicos, papelería.	103
Peluquería	barbería, peluquería de señoras, salón de belleza.	116
Ropa	ropa, zapatos, accesorios.	108

Hay ciertos artículos, sin embargo, que pueden encontrarse en tiendas de varias denominaciones. Algunas librerías sólo venden libros; otras venden una gran variedad de artículos, como juguetes y juegos, material de oficina, regalos, aparatos eléctricos y discos. Las tiendas de ropa de hombre se llaman *men's outfitters;* y las de señora *dress shops*.

He aquí la mejor manera de usar esta sección. Busque el artículo que desea bajo el encabezamiento correspondiente, y añada la descripción que la caracterice (color, material, etc.).

La mayoría de las tiendas abren de 9 mañana a 5.30 tarde. Algunas tiendas pequeñas cierran para comer de 1 a 2. Los sábados están abiertas las tiendas todo el día, excepto en el *West End* de Londres, donde los grandes almacenes cierran a mediodía. No se sorprenda al encontrar una tienda cerrada una tarde por semana. Esto se llama *early closing day*. Algunos de los grandes almacenes y otras tiendas grandes, están abiertos hasta las 7 ó las 8 de la tarde, un día a la semana—generalmente el jueves.

Los grandes almacenes hacen un descuento en el impuesto de lujo a pagar en ciertos artículos, siempre y cuando sean exportación personal. En tal caso, los artículos que haya comprado se los mandarán directamente a su punto de partida o a su dirección en su país. La mayoría de los almacenes aceptan cheques de viajero.

En inglés, a menudo, el nombre de la tienda se diferencia del del tendero añadiéndole **'s**.

the butcher—el carnicero	**the jeweller**—el joyero
the butcher's—la carnicería	**the jeweller's**—la joyería

Comercios y servicios

¿Dónde está el(la) . . . más próximo(a)?

Agencia de viajes	travel agency
Almacenes	general store
Banco	bank
Boutique (casa de modas)	boutique
Camisería	shirt shop
Casa de empeño	pawnbroker's
Comisaría	police station
Dentista	dentist
Doctor	doctor
Estación de Servicio	petrol station
Estanco	tobacconist's
Estudio fotográfico	photographer's studio
Farmacia/perfumería	chemist's
Ferretería	ironmonger's
Florería	florist's
Frutería	fruiterer's
Garaje	garage
Hospital	hospital
Joyería	jeweller's
Juguetería	toy shop
Lavandería	laundry
Lechería	dairy
Librería	bookshop
Modista	dressmaker's
Oficina de Correos	post office
Panadería	baker's
Papelería	stationer's
Pastelería	cake shop
Peletería	furrier's
Peluquería	hairdresser's
Pescadería	fishmonger's
Relojero	watchmaker's
Restaurante	restaurant
Salón de belleza	beauty salon
Salon de té	tea room
Sastre	tailor's

Where is the nearest . . . ?

GUÍA DE COMPRAS

Sombrerería	hat shop
Supermercado	supermarket
Tienda de alfombras	carpet shop
Tienda de fiambres	delicatessen
Antigüedades	antique shop
Arte	art shop
Artesanía	handicrafts shop
Artículos de deporte	sports goods shop
Fotográficos	camera shop
De loza y cristal	china/glassware shop
Pesca	fishing tackle shop
Piel	leather goods shop
Regalo	gift/souvenir shop
Confecciones	dress shop
Electricidad	electrical shop
Muebles	furniture shop
Periódicos	newsagent's
Tejidos	draper's
Vinos	wine merchant/off-licence
Tintorería	dry cleaner's
Verdulería	greengrocer's
Zapatería	shoe shop
Zapatero	shoemaker's

Formas de expresión

He aquí algunas expresiones que le serán muy útiles cuando vaya de compras.

¿Dónde?

¿Dónde está la tienda de ... más próxima?	Where's the nearest ... shop?
¿Dónde puedo comprar un(a)/ unos(as) ...?	Where can I get a(n)/ some ...?
¿Puede recomendarme una buena .../... no muy cara?	Can you recommend a good/inexpensive ...?
¿Dónde está el centro comercial?	Where's the shopping centre?
¿A qué distancia está de aquí?	How far is it from here?

Servicio

¿Puedo ayudarle en algo, señor/señora?	Can I help you, Sir/Madam?
¿Qué desea usted?	What would you like?

Pidiendo

¿Puede usted atenderme/nos?	Can you help me/us?
Quisiera/quisiéramos . . .	I'd/We'd like . . .
¿Tiene usted . . . ?	Have you . . . ?
¿Puede usted enseñarme unos(as) . . . ?	Can you show me some . . . ?
¿Dónde está la sección de zapatos/libros?	Where's the shoe/book department?
Está en el tercer piso.	It's on the third floor.

Ese(a) . . .

¿Puede usted enseñarme . . . ?	Can you show me . . . ?
ése(a)/ésos(as)	that one/those
el(la) del escaparate	the one in the window
el(la) de la vitrina	the one in the display case
Quiero uno(a) grande/pequeño (a).	I want a large/small one.
uno(a) bueno(a)	a good one
uno(a) barato(a)	a cheap one

Es demasiado . . .

Es/Son demasiado . . .	It's/They're too . . .
grande(s)/pequeño(s)	big/small
caro(s)	expensive
pesado(s)/ligero(s)	heavy/light
obscuro(s)/claro(s)	dark/light
No quiero algo muy caro.	I don't want anything too expensive.

Preferencia

Quiero algo más grande/más pequeño.	I want something larger/smaller.
¿Puede usted enseñarme . . . ?	Can you show me . . . ?
algunos más/otros	some more/some others
algo mejor	something better
algo más barato	something cheaper

GUÍA DE COMPRAS

¿Cuánto es?

¿Cuánto es éste (a)/ése(a)?	How much is this/that?
¿Cuánto son éstos(as)/ésos(as)?	How much are these/those?
Cuesta una libra/cuatro libras.	It costs a pound/four pounds.

Decisión

No, no me gusta(n).	No, I don't like it/them.
No es/No son (exactamente) lo que quiero.	It's/They're not (quite) what I want.
Me gusta(n).	I like it/them.
Me lo llevo/los llevo.	I'll take it/them.

Encargando

¿Puede encargarme uno(a)/unos(as)?	Can you order one/some for me?
¿Cuánto tardará(n)?	How long will it/they take?
Lo necesito para el martes.	I must have it by Tuesday.
Lo siento, no tenemos.	I'm sorry, we haven't any.

Empaquetando/Entregando

¿Me lo(s) quiere envolver?	Will you wrap it/them for me?
¿Tiene usted alguna caja/bolsa de papel?	Have you got a box/carrier-bag?
¿Se lo(s) lleva usted o se lo(s) mandamos?	Will you take it/them with you or shall we send/it/them?
Me lo(s) llevo.	I'll take it/them with me.
Por favor, mándelo(s) a esta dirección.	Please send it/them to this address.

Pagando

¿Dónde tengo que pagar?	Where do I pay?
Aquí/allí.	Here/Over there.
Al cajero/en caja.	At the cashier's/cash-desk.
¿Puedo pagar con un cheque de viajero?	Can I pay by traveller's cheque?
No aceptamos cheques de viajero/tarjetas de crédito.	We don't accept traveller's cheques/credit cards.
¿No hay un error en la cuenta?	Isn't there a mistake in the bill?
¿Me da un recibo, por favor?	Can I have a receipt, please?
Este es su cambio.	Here's your change.
Gracias	Thank you.

Librería—Papelería—Tienda/Puesto de periódicos

La mayoría de las librerías (*bookshops*) venden sólo libros; algunas son también papelerías (*stationer's*). Por otro lado, en las papelerías, los únicos libros que suelen encontrarse son ediciones de bolsillo. Los periódicos y revistas se compran en tiendas (*newsagent's*) o puestos (*news-stands*).

¿Dónde está la librería/papelería/tienda de periódicos más próxima?
Where's the nearest bookshop/stationer's/newsagents?

¿Dónde puedo comprar un periódico español/una revista española?
Where can I buy a Spanish newspaper/magazine?

¿Puede recomendarme una buena librería?
Can you recommend a good bookshop?

Quisiera un(a)/unos(as) . . .	I'd like . . .
Bolígrafo	a ball-point pen (biro)
Libro de bolsillo	a paperback
Bloc/cuaderno de dibujo	a sketching block/pad
Caja de pinturas	a box of paints

GUÍA DE COMPRAS

Carpeta	a file
Cinta de pegar transparente	some Scotch tape/cellotape
Cinta para máquina de escribir	a typewriter ribbon
Cuaderno	a notebook
Un diccionario Español-Inglés	a Spanish-English dictionary
Un diccionario Inglés-Español	an English-Spanish dictionary
Diccionario de bolsillo	a pocket dictionary
Etiquetas	some labels
Gomas (elástic·s)	some elastic bands
Goma de borrar	an eraser
Guía	a guide book
Lápiz	a pencil
Libro de ...	a book on ...
Librito para direcciones	an address book
Una gramática	a grammar book
Mapa (escala grande)	a (large-scale) map
Mapa de carreteras	a road map
Naipes	some playing cards
Papel carbón	some carbon paper
Papel de cartas	some writing paper
Papel de dibujo	some drawing paper
Papel para máquina de escribir	some typing paper
Periódico	a newspaper
Periódico español	a Spanish newspaper
Pinturas al pastel	some crayons
Plano de la ciudad	a map of the city
Pluma estilográfica	a fountain pen
Recambio (para pluma)	a refill
Revista	a magazine
Sellos de correos	some postage stamps
Servilletas de papel	some paper serviettes
Sobres (de avión)	some (airmail) envelopes
Tarjetas postales (en color)	some (coloured) postcards
Tinta (negra, azul, roja)	some ink (black, blue, red)

¿Tiene usted la edición de esta semana de ...? — Have you this week's issue of ...?

¿Tiene el último ejemplar de ...? — Have you the latest issue of ...?

Quiero un libro sobre ... — I want a book on ...

¿Tiene libros para niños? — Have you any children's books?

¿Dónde está la sección de viajes/ficción/drama/historia?
Where's the travel/fiction/drama/history section?

Quiero una novela inglesa, algo fácil de leer.
I want an English novel—something easy to read.

¿Tiene usted algún libro de . . . en español?
Have you any of . . . 's books in Spanish?

He aquí algunos escritores contemporáneos ingleses y americanos, cuyos libros encontrará traducidos al castellano.

Kingsley Amis	**Norman Mailer**
John Braine	**Iris Murdoch**
Agatha Christie	**George Orwell**
Arthur C. Clarke	**John Osborne**
Ian Fleming	**Edna O'Brien**
Graham Greene	**J. D. Salinger**
Ernest Hemingway	**Alan Sillitoe**
Aldous Huxley	**Tennesse Williams**
Hammond Innes	**John Wyndham**
Arthur Koestler	**Dennis Wheatley**
Somerset Maugham	

Farmacias/Perfumerías

La Chemist's inglesa ofrece una variedad de artículos mucho mayor que en la mayoría de los demás países. Cumple las funciones de farmacia y perfumería.

Las mayores venden también artículos fotográficos, artículos para el hogar e incluso libros y discos.

Hay pocas farmacias abiertas toda la noche. En las puertas de todas las farmacias hay un cartel con el nombre de la farmacia de guardia más próxima.

Para facilitar la lectura, esta sección está dividida en dos partes: Medicinas, botiquín, etc. y
      Artículos de tocador, cosméticos.

PARA EL MEDICO, ver pag. 165

Medicinas

¿Dónde está la farmacia (de guardia) más próxima?	Where's the nearest (all-night) chemist's?
¿Puede recomendarme algo para el romadizo/las quemaduras del sol/la resaca?	Can you recommend something for hay-fever/sunburn/a hangover?
¿Puede darme un(a)/unos(as) . . . ?	May I have . . . ?

Aceite de oliva	some olive oil
Aceite de ricino	some castor oil
Algo para adelgazar	a weight reducing aid
Algodón	some cotton wool
Alka-Seltzer	some Alka-Seltzer
Anticonceptivos	some contraceptives
Antiséptico	some antiseptic
Aspirinas	some aspirins
Botiquín	a first-aid kit
Callicidas	some corn plasters
Caramelos para diabéticos	some diabetic sweets
Compresas higiénicas	some sanitary towels
Crema contra insectos	some insect repellent
Desinfectante	some disinfectant
Esparadrapo	some Elastoplast
Gargarismo	a mouthwash (gargle)
Gotas para los oidos	some ear drops
Gotas para los ojos	some eye drops
Hilas (de gasa)	some lint (gauze)
Yodo	some iodine
Jarabe (para la tos)	some cough medicine
Loción contra insectos	some insect lotion
Laxante	a laxative
Pastillas (para la tos) (para diabéticos)	some cough lozenges diabetic lozenges
Pastillas para la garganta	some throat lozenges
Pastillas/polvos digestivos	some stomach pills/powders
Sedante/calmante	a sedative/some tranquilizers
Somnífero	some sleeping pills
Termómetro	a thermometer
Vitaminas	some vitamin pills

Un bote/una caja de . . .	a tin/a box of . . .
Un frasco de . . .	a bottle of . . .
Un paquete/un tubo de . . .	a packet/tube of . . .

Perfumería

¿Puede darme un(a)/unos(as) . . .?	May I have . . . ?
Aceite para el sol	some sun-tan oil
Agua de colonia	some toilet water
Bolsa de tocador	a toilet bag
Borla de polvos	a powder puff
Brocha de afeitar	a shaving brush
Cepillo de dientes	a toothbrush
Cepillo de uñas	a nail brush
Champú (crema/líquido)	a shampoo (cream/liquid)
Crema limpiadora	some cleansing cream
Crema para las manos	some hand cream
Crema de noche	some night cream
Crema para el sol	some sun-tan cream
Colorete (crema/líquido)	some rouge (cream/liquid)
Cubitos/esencia de baño	some bath cubes/essence
Desodorante	a deodorant
Esponja	a sponge
Fortificador de uñas	some nail strengthener
Hojas de afeitar	some razor blades
Imperdibles	some safety pins
Jabón/crema de afeitar	some shaving soap/cream
Jabón de tocador	some toilet soap
Laca de uñas	some nail varnish
Lápiz de labios	a lipstick
Lápiz de ojos	an eye pencil
Lima de uñas	a nail file
Loción para después del afeitado	some after-shave lotion
Máquina de afeitar (eléctrica)	a razor (electric)
Maquinilla de afeitar	a safety razor
Papel higiénico	some toilet paper
Pasta de dientes	some toothpaste
Perfume	some perfume
Perfume en pulverizador	some spray perfume
Perfilador de ojos	an eye liner
Pinzas	some tweezers
Polvos para la cara	some face powder
Polvos para los pies/pulverizador	some foot powder/spray
Quita-cutículas	a cuticle remover
Quita-esmalte	some nail varnish remover
Sombra de ojos	some eye shadow
Tijeritas de uñas	some nail scissors
Toallitas de papel	some Kleenex (tissues)
Toallitas para quitar el maquillaje	some make-up remover pads

Ropas

Si hay algo determinado que quiere usted comprar, prepárese de antemano. Busque el artículo en la lista de la página 112. Hágase una idea del color, material y talla que necesita. Todo ello está en las páginas siguientes.

Expresiones

¿Puede usted atenderme?	Can you help me?
Estoy sólo mirando.	I'm just looking around.
Podría usted enseñarme un(a)/ unos(as)	Could you show me a(n)/ some...

Colores

¿Qué color quiere usted?	What colour do you want?
Quiero algo en azul.	I want something in blue.
¿Lo(s) tiene usted en rojo?	Do you have it/them in red?
Quiero un tono más obscuro/claro.	I want a darker/lighter shade.
No tengo nada en verde.	We haven't anything in green.
Quiero algo que vaya con esto.	I want something to match this.
No me gusta el color	I don't like the colour.
¿Puedo verlo a la luz del día?	May I see it in daylight?

Amarillo	yellow	Malva	mauve
Azul	blue	Naranja	orange
Beige	beige	Negro	black
Blanco	white	Plateado	silver
Crema	cream	Rojo	red
Dorado	gold	Rosa	pink
Gris	grey	Tostado	tan
Marrón	brown	Verde	green

GUÍA DE COMPRAS

Géneros

| stripes | polka dots | checks | a pattern |

Quiero una blusa de algodón. — I want a cotton blouse.

Quiero un jersey de lana. — I want a woollen jumper.

¿De qué está hecho? — What's it made of?

Está hecho de . . . — It's made of . . .

¿Está(n) hecho(s) a mano? — Is that/Are they hand-made?

¿A cómo es el pie/la yarda de eso? — How much is that a foot/yard?

| 12 in. (pulgadas) = 1 ft. (pie) = 30.5 cms. | 1 cm. = 0.39 in. |
| 3 ft. (pies) = 1 yd. (yarda) = 91.5 cms. | 1 m. = 39.37 in. |

Algodón	cotton	Goma	rubber
Ante	suede	Hilo	linen
Batista	cambric	Lana	wool(len)
Cheviot	tweed	Lino	hessian
Cuero	leather	Pelo de camello	camel-hair
Encaje	lace	Pana	corduroy
Estambre	worsted	Popelín	Poplin
Felpa	towelling	Raso	satin
Fieltro	felt	Rayón	rayon
Franela	flannel	Seda	silk
Gasa	chiffon	Terciopelo	velvet

GUÍA DE COMPRAS

Talla

¿Cuál es su talla?	What size do you take?
Talla 36 (treinta y seis).	Size 36 (thirty-six).
Nuestras tallas son distintas en España. ¿Quiere usted medirme, por favor?	Our sizes are different in Spain. Would you measure me, please?
No sé mi talla en inglés.	I don't know my size in English.

Señoras

Vestidos/Trajes   **Jovencitas**

Continental	40	42	44	46	48	50	52	38	40	42	44	46	48
Británica	34	36	38	40	42	44	46	32	33	35	36	38	39

Medias   **Zapatos**

Continental	0	1	2	3	4	5	36	37	38	38½	39	40
Británica	8	8½	9	9½	10	10½	4½	5	5½	6½	7	7½

Caballeros

Trajes/Abrigos   **Camisas**

Continental	44	46	48	50	52	54	56	36	37	38	39	41	42	43
Británica	34	36	38	40	42	44	46	14	14½	15	15½	16	16½	17

Zapatos

Continental	38	39	39½	40	40½	41	42	42½	43	43½	44	45
Británica	5	5½	6	6½	7	7½	8	8½	9	9½	10	11

Anchura de zapatos: Es más fácil decir:

Este(a)/Estos(as) son demasiado estrecho(a)(s)/ancho(a)(s).	This is/These are too narrow/broad.

size	ssais
measure	ME-sha
broad	brood

PARA NÚMEROS, ver pag. 178–179

¿Cómo le está?

¿Puedo probármelo(s)?	Can I try it/them on?
¿Dónde está el probador?	Where's the fitting room?
Me está muy bien.	It fits very well.
No me está bien.	It doesn't fit.
Está demasiado largo/corto.	It's too long/short.
justo/suelto.	tight/loose.
¿Cuánto tardarán en arreglarlo?	How long will it take to alter?

Decidiéndose y pagando

Eso es exactamente lo que quiero.	That's just what I want.
No, eso no es exactamente lo que quiero.	No, that's not quite what I want.
Me lo llevo.	I'll take it.
¿Cuánto es eso?	How much is that?
No comprendo. Por favor, escríbalo.	I don't understand. Please write it down.
¿Me da un recibo, por favor?	Can I have a receipt, please?

Descontento

¿Puede usted cambiarme esto?	Can you change this, please?
Quiero que me reembolsen el dinero.	I'd like a refund.
Gracias.	Thank you.

tight	tait
loose	luuss
write	rait
receipt	ri-SSIIT

GUÍA DE COMPRAS

¿Se le han roto sus zapatos?

¿Puede arreglarme estos zapatos?	Can you repair these shoes?
Quiero nuevas suelas y tacones.	I want new soles and heels.
¿Puede usted pespuntear esto, por favor?	Can you re-stitch this, please?

Ropa y accesorios

He aquí una lista bastante completa, en la cual encontrará desde un gorro de baño a un abrigo de piel.

Quiero un(a)/unos(as) . . .	I want . . .
Abrigo	a coat/overcoat
Abrigo de piel	a fur coat
Albornoz	a bath robe
Anorak	an anorak
Bata	a dressing gown/housecoat
Bikini	a bikini
Blusa	a blouse
Botas	some boots
Botas altas	some knee-length boots
Bragas	a pair of panties
Braga-pantalón	a pair of knickers
Bufanda	a scarf
Calcetines	a pair of socks
Calzoncillos	some underpants
Calzón de baño	some swimming trunks
Camisa	a shirt
Camiseta	a vest
Camisón	a nightdress
Capa	a cape
Chaleco	a waistcoat
Chaqueta de franela	a blazer
Chaqueta de punto	a cardigan
Chaqueta de smoking	a dinner jacket
Chaqueta de sport	a sports jacket
Conjunto de punto	a twin-set
Corbata	a tie
Corbata de lazo	a bow tie
Faja	a girdle
Falda	a skirt

GUÍA DE COMPRAS

Gabardina	a mac(kintosh)
Gorra	a cap
Gorro de baño	a bathing cap
Guantes	some gloves
Impermeable	a raincoat
Jersey	a sweater
Leotardos	a pair of tights
Liguero	a suspender belt
Medias	a pair of stockings
Pantalones (de caballero)	a pair of trousers
Pantalones (de señora)	a pair of slacks
Pantalones cortos	a pair of shorts
Pantalones vaqueros	a pair of jeans
Pañuelo	a handkerchief
Pijama	a pair of pyjamas
Playeras	some plimsolls (gym shoes)
Pullóver	a pullover
Ropa interior (mujer)	some lingerie
Salto de cama	a negligee
Sandalias	a pair of sandals
Sombrero	a hat
Sujetador	a bra
Tirantes	a pair of braces
Traje de baño	a bathing costume
Traje de caballero	a suit (man's)
Traje de chaqueta	a suit (woman's)
Traje de noche	an evening dress (woman's)
Vestido	a dress/frock
Zapatos	a pair of shoes
Zapatillas	a pair of slippers

Bolsillo	pocket
Botón	button
Cinta	ribbon
Cinturón	belt
Cremallera	zip
Cuello	collar
Diadema	hairband
Dobladillo	hem
Forro	lining
Goma	elastic
Guarnición	trimming
Hebilla	buckle
Manga	sleeve
Puños	cuffs
Solapa	lapel
Vueltas (de pantalón)	turn-ups

GUÍA DE COMPRAS

Aparatos eléctricos

En casi todos los hoteles y casas particulares el voltaje es de 220-240 voltios, corriente alterna. En algunos lugares remotos del país tienen corriente continua.

Compruebe el voltaje antes de enchufar su máquina de afeitar, etc.—o ponga un transformador. Un adaptador quizá también le sea útil.

¿Tiene una pila para esto?	Have you a battery for this?
Esto está roto. ¿Puede usted arreglarlo?	This is broken. Can you repair it?
Quiero un enchufe para esto.	I want a plug for this.
Quisiera un(a)/unos(as) . . .	I'd like . . .
Adaptador	an adaptor
Altavoces	some speakers
Amplificador	an amplifier
Batidora	a food mixer/blender
Cafetera eléctrica	a percolator
Caseta	a cassette
Magnetófono	a tape recorder
Máquina de afeitar eléctrica	an electric razor
Plancha/plancha de viaje	an iron/a travelling iron
Radio (portátil)	a (portable) radio
Reloj eléctrico	an electric clock
Secador de pelo	a hair dryer
Televisión	a television set
Tocadiscos	a record player
Tostadora	a toaster
Transformador	a transformer

plug	plag
electric razor	i-LEK-trik REI-sa
iron	ai-an

GUÍA DE COMPRAS

Discos

¿Tiene algún disco de...?	Have you any records by...?
Quiero un disco de la Séptima Sinfonía de Beethoven.	I want a record of Beethoven's Seventh Symphony.
Quiero el disco de Oliver.	I want the music from Oliver.
¿Cuáles son los últimos discos de música "pop"?	What are the latest pop records?
Me interesa la...	I'm interested in...
música clásica	classical music
música de cámara	chamber music
música de rock	rock music
música folklórica	folk music
música instrumental	instrumental music
música ligera	light music
¿Puedo escuchar este disco?	Can I listen to this record?
Quisiera...	I'd like...
una cassette	a cassette
un casco de escucha	a pair of earphones
un disco compacto	a compact disc

GUÍA DE COMPRAS

Peluquerías

Las peluquerías en Inglaterra se distinguen por tener una muestra roja y blanca a la puerta. En tiempos de Enrique VIII, los barberos desempeñaban también el papel de cirujanos; hacían sangrías y sacaban muelas. (Esta ocupación duró hasta 1745). Las rayas rojas y blancas de la muestra representan la sangre y las vendas.

Empezaremos con los caballeros. Los barberos en Inglaterra suelen trabajar de prisa, pero si tiene usted mucha prisa, diga: *I'm in a terrible hurry*. (Tengo muchísima prisa).

¿Cuánto tiempo tendré que esperar?	How long will I have to wait?
Siéntese, por favor.	Would you take a seat, please?
Cuando guste, señor. Sillón número cinco.	Ready now, sir. Chair No. 5.
¿Quiere sentarse aquí/allí, señor?	Will you sit here/there, sir?
Quiero cortarme el pelo, por favor.	I want a haircut, please.
¿Cómo lo quiere?	How do you want it cut?
Corto./Déjemelo largo.	Short./Leave it long.
No me lo deje demasiado corto.	Don't cut it too short.
por detrás/por delante	at the back/in front
por los lados/por arriba	at the sides/on top

hurry	HA-ri
haircut	HE-a-kat
front	frant

Sólo recórtemelo, por favor.	Just a trim, please.
No use la maquinilla.	Don't use the clippers.
Un corte a la navaja, por favor.	A razor-cut, please.
No me quite más.	That's enough off.
Quíteme un poco más por detrás.	A little more off the back.
por el cuello	neck
por los lados	sides
por arriba	top
Quiero un masaje facial.	I'd like a face massage.
manicura	manicure
un masaje de cabeza	scalp massage
un afeitado	shave
un champú	shampoo
Me recorta la barba, por favor el bigote/las patillas.	Would you please trim the beard/moustache/sideboards?
Gracias. Está muy bien.	Thank you. That's fine.
¿Cuánto le debo?	How much do I owe you?

LA PROPINA SUELE SER DEL 10 AL 15%.

Peluquería de señoras—Salón de belleza

¿Puede recomendarme un buen salón de belleza/una peluquería de señoras?
Can you recommend a good beauty salon/hairdresser?

¿Puede darme hora para el jueves?
Can I make an appointment for some time on Thursday?

¿Cómo quiere que le peine?	How would you like your hair done?
Quiero un lavado y marcado, por favor.	I would like a shampoo and set, please.

118

con un moño	in a bun
con bucles	in curls
cortado en forma	cut and shaped
con rizos	with finger curls
muy rizado	frizz style
con flequillo (largo/medio)	with a fringe (full/half)
a lo paje	in a page boy style
un estilo distinto	(completely) restyled
con ondas	with waves

GUÍA DE COMPRAS

Quiere un(a) . . .	I want . . .
aclarado (oxigenado)	a bleach
reflejo	a colour rinse
cambio de tono	a toning
permanente	a perm
retoque	a touch up
tinte	a dye/tint
el mismo color	the same colour
un color más obscuro	a darker colour
un color más claro	a lighter colour
rojizo/rubio/castaño	auburn/blond/light brown

¿Tiene un muestrario de colores?
Have you got a colour chart?

No quiero ninguna vitamina/laca.
I don't want any conditioner/hair spray.

¿Puede ponerme este postizo/peluca?
Would you put this hair-piece/wig on for me?

Quiero hacerme las manos/los pies/un masaje.
I want a manicure/pedicure/massage.

LA PROPINA SUELE SER DEL 10 AL 15%.

colour	KA-la
lighter	LAI-ta
glass	glaass

Joyería—Relojería/Reparaciones

¿Puede usted arreglar/limpiar este reloj?	Can you repair/clean this watch?
El cristal/el muelle/la correa está roto(a).	The glass/spring/strap is broken.
Quiero un regalito para . . .	I want a small present for . . .
No quiero algo muy caro.	I don't want anything too expensive.
¿Tiene algo en oro/plata?	Have you anything in gold/silver?
¿Qué piedra es ésa?/¿Qué piedras son ésas?	What is that stone?/What are those stones?
¿De cuántos quilates es el oro?	What carat gold is it?

He aquí algunos términos con que describir el artículo que desea. Son a la vez sustantivos y adjetivos, pero aquí es más probable que los use usted como adjetivos, v.g.: *a diamond ring, a pearl necklace, a gold bracelet.*

Acero inoxidable	stainless steel
Amatista	amethyst
Ámbar	amber
Cobre	copper
Coral	coral
Cristal	glass
Cristal tallado	cut-glass
Cromo	chromium
Diamante	diamond
Esmalte	enamel
Esmeralda	emerald
Jade	jade
Oro/lámina de oro	gold/gold leaf
Peltre	pewter
Perla	pearl
Plata	silver
Plata chapada	silver plate
Platino	platinum
Rubí	ruby
Topacio	topaz
Turquesa	turquoise
Zafiro	sapphire

Antes de ir a la joyería, seguramente tendrá usted idea de lo que quiere. Busque en la lista de la página anterior de qué está hecho el objeto que desea—y en esta página el nombre de dicho objeto. En algunos casos no tendrá más remedio que expresarse por señas, dibujar o señalar el objeto.

Quisiera un(a)/unos(as) ...	I'd like ...
Alfiler de corbata	a tie pin
Anillo de boda	a wedding ring
Broche	a brooch
Cadena	a chain
Collar	a necklace
Correa de reloj	a watch strap
Crucifijo	a cross
Cubiertos	some cutlery
Estuche de manicura	a manicure set
Gemelos	some cuff links
Joyero (estuche)	a jewel box (case)
Encendedor	a cigarette lighter
Objetos de plata	some silverware
Pendientes	some earrings
Pinza de corbata	a tie clip
Pitillera	a cigarette case
Polvera	a powder compact
Pulsera	a bracelet
Reloj	a clock
Reloj de bolsillo	a pocket watch
Reloj (despertador)	an alarm clock
Reloj de pulsera	a wrist watch
Reloj de viaje	a travelling clock
Rosario	a rosary
Sortija	a ring
Sortija de compromiso	an engagement ring

GUÍA DE COMPRAS

brooch	brouch
cigarette lighter	ssi-ga-RET LAI-ta
bracelet	BREISS-lat
wrist watch	RIST-uoch

Lavandería—Tintorería

Si su hotel no tiene servicio de lavado/limpieza en seco, pregunte:

¿Dónde está la lavandería/lavandería automática/tintorería más próxima?	Where is the nearest laundry/launderette/dry-cleaners?
Quiero limpiar esta ropa.	I want these clothes cleaned.
limpiar y planchar al vapor	dry-cleaned
planchar	ironed
planchar al vapor	pressed
reforzar el tejido	retextured
lavar	washed
Esta es mi lista de prendas.	Here's my laundry list.
No use usted almidón.	Don't use any starch.
Lo(s) necesito hoy.	I need it/them today.
para el viernes	by Friday
rápidamente	quickly
¿Puede usted arreglar/coser esto?	Can you mend/stitch this?
¿Puede usted quitar esta mancha?	Can you get this stain out?
¿Puede hacerle un zurcido invisible?	Can this be invisibly mended?

Experamos que todo vaya bien, pero si no . . .

Esto no es mío.	This isn't mine.
Estas cosas no son mías.	These aren't mine.
Hay un agujero en este(a) . . .	There's a hole in this . . .
¿Dónde está mi ropa? Usted me prometió que estaría hoy.	Where's my laundry? You promised it for today.

GUÍA DE COMPRAS

Fotografía—Cámaras

Quiero una cámara fotográfica barata.	I want an inexpensive camera.
una cámara inglesa	an English camera
una cámara alemana/japonesa	a German/Japanese camera
una cámara de segunda mano	a second-hand camera
Quiero una cámara de cine barata.	I'd like a cheap cine camera.
¿Quiere enseñarme ésa que está en el escaparate?	Would you show me that one in the window?

Carretes/películas

Quisiera . . .	I'd like
un carrete para esta cámara	a film for this camera
un carrete de ciento veinte (6 x 6)	a 120 (6 x 6) film
un carrete de ciento veintisiete (4 x 4)	a 127 (4 x 4) film
una película de ocho milímetros	an 8 mm (eight-emem) cine film
normal/super 8 (ocho)	a regular/super 8 (eight)
una película de dieciséis milímetros	a 16 mm (sixteen-emem) film
una película de treinta y cinco mm.	a 35 mm (thirty-five emem) film
un carrete de seiscientos veinte (6 x 6)	a 620 (six-twenty) film (6 x 6)
un cartucho para esta cámara	a cassette for this camera

blanco y negro	black and white
en color	colour
negativo en color	colour negative
color reversible	colour reversal
diapositiva	colour slide (transparency)
tipo luz artificial	artificial light type (indoor)
tipo luz diurna	daylight type (outdoor)
rápido/grano fino	fast/fine grain

¿De qué tamaño? ¿De qué marca?

What size?/What make?

¿Veinte o treinta y seis tomas?

20 or 36 exposures?

¿Qué número ASA (DIN)?

What ASA (DIN) number?

Revelado

Tendrá usted que mandarlo a . . . para revelarlo.

You'll have to send it to . . . for developing.

¿Puede revelar (y sacar copias de) esta película?

Will you develop (and print) this film, please?

Quiero seis copias de cada/de este negativo.

I want six prints of each/this negative.

De brillo/mate.

With a glossy/matt finish.

Accesorios

Quiero . . .

un disparador de cable
una funda
un exposímetro
unas lámparas/cubos de flash
 para blanco y negro
 para color
un filtro rojo/ultravioleta
un objetivo/un objetivo zoom
un parasol/unas gamuzas

I want . . .

a cable release
a camera case
an exposure meter
some flash bulbs/cubes
 for black and white
 for color
a red/ultra violet filter
a lens/zoom lens
a lens cap/some lens cleaners

un proyector/una pantalla	a projector/screen
una caja/un proyector de diapositivas	a slide box/slide viewer
un empalmador	a splicer
un trípode	a tripod

Roto

Hay algo que no va bien en esta cámara.	There's something wrong with this camera.
El carrete está atascado.	The film is jammed.
El botón no da vueltas.	The knob won't turn.

Comestibles

He aquí una lista básica de comida y bebida que le será útil para una comida en el campo, o una comida ligera en casa.

Quisiera . . .	I'd like some . . .
Azúcar	sugar
Tocino	bacon
Bocadillos	sandwiches
Bollitos de pan	rolls
Café	coffee
Caramelos	sweets
Carne	meat
Chocolate	chocolate
Cerveza	beer
Cecina	corned beef
Embutido de cerdo	luncheon meat
Ensalada	salad
Ensaladilla de patatas	potato salad
Fiambres	cold meat
Fruta	fruit
Galletas	biscuits
Helado	ice-cream
Huevos	eggs
Jamón	ham
Leche	milk
Naranjada	orange squash

Lechuga	**lettuce**
Limonada	**lemonade**
Limones	**lemons**
Mantequilla	**butter**
Manzanas	**apples**
Melocotones	**peaches**
Mostaza	**mustard**
Naranjas	**oranges**
Pan	**bread**
Pasteles	**cakes**
Patatas fritas	**potato crisps**
Pâté	**pâté**
Pepino	**cucumber**
Peras	**pears**
Picantes	**pickles**
Pimienta	**pepper**
Plátanos	**bananas**
Pollo (frío)	**chicken (cold)**
Queso	**cheese**
Sal	**salt**
Salchichas	**sausages**
Salchichón	**salami**
Sopa	**soup**
Spaghetti	**spaghetti**
Té	**tea**
Té (en bolsitas)	**tea-bags**
Tomates	**tomatoes**
Uvas	**grapes**

```
       oz. = ounce(s)/onza(s)
       lb. = pound(s)/libra(s)
   (16 oz. = 1 lb.)
     1 oz. = c. 28 gm.
    ¼ lb. = c. 113 gm.
    ½ lb. = c. 227 gm.
     1 lb. = c. 454 gm.
 100 gm. = c. 3½ oz.
     1 kg. = c. 2.2 lb.
```

GUÍA DE COMPRAS

| Vino (tinto/blanco) | wine (red/white) |
| Yogurt | yoghurt |

fresco	fresh
congelado	frozen
en lata	tinned
en conserva	preserved

Y no olvide:

un abrebotellas	a bottle opener
un abrelatas	a tin opener
cerillas	some matches
un sacacorchos	a corkscrew
unas servilletas de papel	some paper napkins

En inglés los envases tienen distintos nombres de acuerdo con la materia de que están hechos.

Un barril	a barrel
Una lata	a can
Una botella	a bottle
Una caja	a box
Una caja de embalaje	a crate
Un cartón	a carton
Una lata	a tin
Un paquete	a packet
Un tarro	a jar
Un tubo	a tube

Estanco

Los cigarrillos y el tabaco se venden en estancos, tiendas de caramelos y de periódicos. También los venden en kioskos, máquinas automáticas y algunas tiendas de comestibles, supermercados y almacenes.

Como en su país, los cigarrillos se piden, generalmente, refiriéndose a su marca. Se venden en paquetes de diez y de veinte (emboquillados, con filtro, sin emboquillar); el tabaco se vende en paquetes o latas de una o dos onzas (de hebra, en escama, en bloque).

¿Me da usted . . . ?	May I have . . . ?
un paquete de cigarrillos	a packet of cigarettes
veinte Embassy/diez Players	twenty Embassy/ten Players
tabaco (de pipa)	some (pipe) tobacco
una onza de San Bruno	an ounce of St. Bruno
dos onzas de Three Nuns	two ounces of Three Nuns
un puro/unos puros	a cigar/some cigars
una pipa	a pipe
unas escobillas	some pipe cleaners
una tabaquera	a tobacco pouch
una pitillera	a cigarette case
una boquilla	a cigarette holder
un encendedor	a cigarette lighter
gasolina/gas de mechero	some lighter fuel/gas
unas piedras/una mecha	some flints/a wick
un recambio	a refill
unas cerillas/una caja de cerillas	some matches/a box of matches

¿Tiene usted . . . ?	Have you any . . . ?
cigarrillos franceses	French cigarettes
cigarrillos americanos	American cigarettes
con filtro	filter-tip
cigarrillos de mentol	menthol cigarettes

¿Cuántos quiere usted? — How many do you want?

Dos paquetes/un cartón, por favor. — Two packets/a carton, please.

GUÍA DE COMPRAS

Y ya que estamos hablando de cigarrillos, si quiere usted ofrecer uno a alguien, diga:

¿Quiere usted un cigarrillo?	Would you like a cigarette?
Tome uno de los míos.	Have one of mine.
Pruebe uno de estos. Son muy suaves/muy fuertes.	Try one of these. They're very mild/rather strong.

Si alguien le ofrece uno:

Gracias.	Thank you.
No, gracias.	No, thanks.
No fumo.	I don't smoke.
He dejado de fumar.	I've given it up.

Confitería

En algunos estancos tienen también confitería. Pero para una buena selección de caramelos y bombones, vaya a una confitería (*confectioner's*).

¿Me da usted . . . ?	May I have . . . ?
una barrita de chocolate	a bar of chocolate
una caja de bombones	a box of chocolates
una lata/una bolsa de esos(as) . . .	a tin/bag of those . . .
un paquete de chicle	a packet of chewing gum
un cuarto de libra de caramelos	a quarter of a pound of sweets

mild	maild
chocolate	CHOC-lat
chewing gum	CHU-ing-gam
quarter	KUOO-ta

Correo – Telegramas – Teléfono

Hay oficinas de correos centrales y sucursales. Las palabras *POST OFFICE* (Correos), son fáciles de ver a la entrada del edificio. De cualquier modo, la oficina de correos es inconfundible por los buzones y máquinas automáticas de sellos que se encuentran fuera del edificio. Muchas sucursales de correos forman parte de tiendas pequeñas. Las oficinas de correos se abren de 9 mañana a 5.30 tarde, los sábados la mayoría hasta las 1 tarde. Se cierran los domingos y días festivos.

Además de los buzones dentro y fuera de las oficinas de correos, hay muchos buzones en las calles. Están pintados de rojo.

En correos

¿Dónde está la oficina de correos más próxima?	Where's the nearest Post Office?
¿A qué hora abren/cierran correos?	When does the Post Office open/close?
Quiero mandar esto por correo urgente/ordinario.	I want to send this by first/second class mail.
Quiero unos sellos, por favor.	I want some stamps, please.
¿Cuánto es el franqueo para una carta/postal a . . . ?	What's the postage for a letter/postcard to . . .

does	das
close	klous
first class	fööst klaass
postage	POU-stidj

Quiero mandar esto por . . .	I want to send this by . . .
correo urgente	express
acuse de recibo	recorded delivery
certificado	registered mail
correo "expreso"	special delivery
Quisiera . . .	I'd like . . .
un giro postal de diez libras	a money order for ten pounds
un giro postal internacional de . . .	an international money order for . . .
una orden de pago postal de . . .	a postal order for . . .
un impreso de carta por avión	an air-letter form
¿Dónde está la lista de correos?	Where's the Poste Restante?

Telegramas

Quiero mandar un telegrama/ un telegrama al extranjero.	I want to send a telegram/ an overseas telegram.
¿Cuánto se paga por palabra?	How much is it per word?
¿Cuánto tardará en llegar?	How long will it take?

Teléfonos

En Inglaterra no es necesario ir a un café a telefonear, ya que hay muchas cabinas de teléfonos en las calles.

Las instrucciones para hacer funcionar el aparato están en todas las cabinas; en Londres y otras ciudades importantes habrá probablemente una traducción en español. En caso de dificultad, llame a la telefonista *(the operator)*, marcando el 100; para llamar a la policía, incendios y ambulancia marque el 999.

La comunicación interurbana es directa. Cada ciudad o distrito tiene un número o números clave, que preceden al número de teléfono y que encontrará en la guía telefónica o llamando a *Directory Enquiries*.

La duración de la llamada dependerá de la cantidad de dinero que haya usted insertado. Cuando oiga unos *pips* muy seguidos, ponga más dinero o se cortará la comunicación.

Hablando

Oiga. Aquí . . .	Hello. This is . . .
¿A qué número llama?	What number are you calling?
Espere un momento, por favor.	Would you hold on, please?
¿Puede hablar un poco más alto?	Can you speak a bit louder?

Demoras, etc.

La línea está ocupada.	The line's engaged.
Señorita, me ha dado el número equivocado.	Operator, you gave me the wrong number.
El/ella no está en este momento.	He's/She's out at the moment.
¿Quiere darle un recado, por favor?	Would you take a message, please?

Precios

Quiero pagar por la llamada.	I want to pay for the call.
¿Cuánto ha sido la llamada?	What was the cost of that call?

Le llaman . . .

Le llaman por teléfono.	You're wanted on the telephone.

Hay una llamada para usted.	There's a telephone call for you.
¿Quiere ir a la cabina número tres?	Would you take the call in booth number three?

Pida un(a) telefonista que hable español.

¿Hay alquien ahí que hable español?	Is there anyone there who speaks Spanish?

Telefonista

Los números se dan uno por uno. El cero (o) se pronuncia *ou*.

Buenos días. ¿Me da el 0123 de Wilmslow?	Good morning. I want Wilmslow 0123 (ou-one-two-three).
Deme el 366 de Windsor.	Get me Windsor 366 (three double six).
¿Puedo marcar directamente?	Can I dial direct?
Quiero una llamada personal a . . .	I want a personal call to . . .
Quiero que carguen los gastos de la llamada al destinatario.	I want to reverse the charges.
¿Quiere decirme el coste de la llamada cuando acabe?	Will you tell me the cost of the call afterwards?
No se retire, por favor.	Hold the line, please.
No contestan. ¿Quiere que pruebe más tarde?	There's no answer. Shall I try later?
Si, por favor/No se moleste.	Yes, please./No, don't bother.

Visitas turísticas

En esta sección nos ocupamos del aspecto cultural, no de diversiones y, por el momento, de las ciudades más que del campo.

¿Puede recomendarme una buena guía de . . . ?	Can you recommend a good guide book for . . . ?
¿Hay alguna Oficina de Turismo?	Is there a Tourist Office?
¿Dónde está la Oficina de Turismo/Información?	Where is the Tourist/Information Office?
¿Cuáles son los principales puntos de interés?	What are the main points of interest?
Estamos aquí sólo unas horas	We're here only for a few hours.
un día	a day
tres días	three days
una semana	a week
¿Puede recomendarme un recorrido por los principales puntos de interés?	Can you recommend a sightseeing tour?
¿De dónde sale el autocar?	Where does the coach start from?
¿Nos recogerá en el hotel?	Will it pick us up at the hotel?
¿Qué autobús tenemos que tomar?	What bus do we want?
¿Cuánto cuesta el viaje?	How much does the tour cost?
¿A qué hora empieza el recorrido?	What time does the tour start?

guide book	GAID-buk
hours	AU-as
hotel	hou-TEL
bus	bass

¿A qué distancia está la catedral de aquí?	**How far is the cathedral from here?**
¿Se puede ir andando?	**Is it within walking distance?**
¿Dónde puedo/podemos alquilar un coche?	**Where can I/we hire a car?**
Quiero un coche para hoy/esta semana.	**I'd like a car for the day/week.**
¿Hay alguna excursión a . . . con guía?	**Is there a conducted tour of . . .**
¿Habla español el guía?	**Does the guide speak Spanish?**

¿Dónde está . . . ?	**Where is . . . ?**
¿Dónde están . . . ?	**Where are . . . ?**

En esta lista los nombres en plural van indicados: (pl.)

El/la/los/las . . .	the . . .
Abadía	abbey
Ayuntamiento	town hall
Biblioteca	library
Bolsa	Stock Exchange
Castillo	castle
Catedral	Cathedral
Centro comercial	business centre
Comercios	shopping centre
Criptas	vaults (pl.)
Cuevas	caves (pl.)
Embarcadero	embankment
Estadio	stadium
Exposición	exhibition
Fábrica	factory
Figuras de cera	waxworks (pl.)
Galería de arte	art gallery
Iglesia	church

Jardín botánico	botanical gardens (pl.)
Mercado/Plaza del Mercado.	market/market place
Monasterio	monastery
Monumento	monument
Monumento a los caídos de guerra	war memorial
Muelle	docks (pl.)
Museo (de Ciencias, etc.)	museum (Science Museum)
Observatorio	observatory
Pabellón	pavilion
Palacio	palace
Parque	park
Parque de atracciones	pleasure gardens (pl.)
Planetarium	planetarium
Sala de conciertos	concert hall
Teatro al aire libre	open-air theatre
Teatro de la ópera	opera house
Torre	tower
Tribunales de Justicia	law courts (p.)
Universidad	university
Zoológico	zoo

El centro comercial de Londres se llama *The City*. El *West End* es el barrio céntrico de Londres; en él están los grandes almacenes, restaurantes y teatros. En *Soho* se encuentran muchos restaurantes extranjeros.

¿De quién es esa estatua?	Who is that a statue of?
¿Es ésta la catedral de San Pablo?	Is that St. Paul's Cathedral?
Quiero ver la Abadía de Westminster.	I want to see Westminster Abbey.

NO SMOKING
PROHIBIDO FUMAR

VISITAS TURISTICAS

¿Está abierto(a) el museo/la catedral?	Is the museum/cathedral open?
¿A qué hora cierran el zoológico?	What time does the zoo close?

Entrada

¿Qué cuesta la entrada?	How much is it to get in?
Diez peniques nuevos; para niños mitad de precio.	Ten new pence; half price for children.

ADMISSION FREE
ENTRADA GRATIS

¿Está permitido fumar?	Is smoking allowed?
¿Puedo dejar el abrigo/paraguas?	Can I leave my coat/umbrella?
¿Me enseña su(s) entrada(s)?	Can I see your ticket(s)?
Aquí está(n).	Here it is./Here they are.
¿Puedo comprar un catálogo/folleto/una guía?	Can I buy a catalogue/brochure/guide?
¿Cuánto cuestan las postales?	How much are the postcards?
¿Se pueden tomar fotografías?	Is it all right to take photographs?

¿Qué/quién/cuándo?

¿Qué es ese edificio?	What is that building?
¿Quién fue el arquitecto/artista/escultor?	Who was the architect/artist/sculptor?
¿Quién construyó/diseñó ese(a) . . .?	Who built/designed that . . .?
¿Quién pintó ese cuadro?	Who painted that picture?
¿Hay algún cuadro de la escuela Flamenca?	Is there any painting of the Flemish school?

Fue construído/pintado por...	It was built/painted by...
¿En qué epoca vivió?	When did he live?
¿Cuándo se construyó?	When was it built?
Fue construído en 1546/en el siglo XVIII/en el reinado de...	It was built in fifteen forty six/the eighteenth century/in the reign of...
¿Dónde está la casa donde vivió/nació Charles Dickens?	Where is the house where Charles Dickens lived/was born?
Nos interesa el/la...	We're interested in...
Alfarería/antigüedades	pottery/antiques
Arqueología/arquitectura	archaeology/architecture
Arte/arte moderno	art/modern art
Arte "pop"/artesanía	pop art/handicrafts
Artesanía local	local arts and crafts
Botánica/cinematografía	botany/films
Escultura/geología	sculpture/geology
Historia antigua/militar	ancient history/military history
Historia natural/horticultura	natural history/horticulture
Ingeniería/literatura	engineering/literature
Medicina/monedas	medicine/coins
Muebles/música	furniture/music
Objetos curiosos/ornitología	curios/ornithology
Pintura/sociología	painting/sociology
Vida animal/zoología	wild life/zoology
¿Dónde está el departamento de...?	Where's the... department of...?

building	BIL-ding
architect	AA-ki-tekt
picture	PIK-cha
live	liv

El adjetivo que estaba usted buscando

Es...	It's...
Anticuado	old-fashioned
Asombroso	amazing
Aterrador	terrifying
Extraño	strange
Feo	ugly
Feísimo	hideous
Grandioso	magnificent
Hermoso	beautiful
Horrible	awful
Interesante	interesting
Lóbrego	gloomy
Siniestro	sinister
Terrible	terrible

Servicios religiosos

Las iglesias y catedrales protestantes y católicas están generalmente abiertas al público, excepto cuando hay algún servicio.

Aquellos que deseen tomar fotografías, deben pedir permiso al sacerdote o pastor protestante.

Obsérvense los mismos preceptos respecto al vestido que se observan en su país respectivo.

¿Hay aquí una iglesia protestante/católica?
Is there a Protestant/Roman Catholic church here?

¿A qué hora es el servicio por la mañana/tarde?
At what time is the morning/evening service?

¿A qué hora es la Comunión/Misa Mayor/Vísperas/Bendición?
At what time is Holy Communion/High Mass/Vespers/Benediction?

¿Dónde puedo encontrar un sacerdote/pastor que hable español?
Where can I find a priest/minister who speaks Spanish?

Camping—En el campo

Si piensa acampar en un terreno que no está reconocido o autorizado como *camping*, trate de pedir permiso para poner su tienda de campaña.

El granjero, seguramente, le dejará acampar—con tal de que no estropee su cosecha.

Cerca del mar y en lugares de veraneo, se encuentran terrenos de camping, autorizados por el ayuntamiento y a menudo pertenecientes a una empresa comercial.

La oficina de información o el secretario municipal le podrán dar toda clase de detalles sobre los terrenos de camping que se encuentren en la localidad.

Muchos de los Parques Nacionales y Bosques Nacionales tienen también magníficos terrenos de camping.

Para obtener una lista de los terrenos de camping autorizados, escriba a: The Camping Club of Great Britain and Ireland Ltd., 11 Grosvenor Place, London S.W.1.

¿Podemos acampar aquí?	**Can we camp here?**
¿Hay algún terreno de camping por aquí cerca?	**Is there a camping site near here?**
¿Podemos poner nuestra roulotte aquí?	**Can we park our caravan here?**
¿Es éste un terreno de camping oficial?	**Is this an approved camping site?**
¿Dónde está el propietario/ encargado?	**Where is the proprietor/ warden?**
¿Podemos encender un fuego?	**May we light a fire?**
¿Hay algún arroyo cerca?	**Is there a stream nearby?**
¿Hay agua potable/corriente?	**Is there drinking/running water?**

¿Hay tiendas cerca del camping?	Are there shopping facilities on the site?
¿Hay baños/duchas/retretes?	Are there baths/showers/toilets?
¿Qué cobran por día?	What's the charge per day?
por semana	per week
por persona	per person
por un coche	for a car
por una tienda de campaña	for a tent
por una roulotte	for a caravan

NO CAMPING
PROHIBIDO ACAMPAR

¿Qué distancia hay a ...?	How far is it to ...?
¿Es ésta la carretera para ...?	Are we on the right road for ...?
¿Adónde va esta carretera?	Where does this road lead to?
¿Puede indicar nuestra situación en el mapa?	Can you show us where we are on the map?
¿Hay algún Albergue de Juventudes por aquí cerca?	Is there a Youth Hostel anywhere near here?
¿Hay algún alojamiento económico en esta zona?	Is there any inexpensive accommodation in the area?
¿Sabe usted de alguien que pueda alojarnos por esta noche?	Do you know anyone who can put us up for the night?

Puntos de referencia

Acantilado	cliff
Arroyo	brook/stream
Bosque	forest/wood
Brezal	heath

Campo	field
Carretera	road
Casa solariega	manor house
Casita de campo	cottage
Cataratas	waterfall
Colina	hill
Estanque	pond/pool
Granero	barn
Granja	farm(house)
Iglesia	church
Lago	lake
Maizal	cornfield
Manantial	spring
Marisma	swamp
Mesón	inn
Marjal	moorland
Montaña	mountain
Plantación	plantation
Pozo	well
Pueblo	village
Puente	bridge
Río	river
Sendero	footpath
Valle	valley
¿Cómo se llama ese río?	What's the name of that river?
¿Qué altura tienen esas colinas?	How high are those hills?
¿Hay alguna ruta pintoresca a . . . ?	Is there a scenic route to . . . ?
Sí, es una carretera muy bonita.	Yes, it's a beautiful road.
No es una ruta muy interesante.	It's not a very interesting route.

Si está usted cansado de andar, pruebe a hacer auto-stop (pero no en autopistas; está prohibido).

| ¿Puede usted llevarme hasta . . . ? | Can you give me a lift to . . . ? |

TRESPASSERS WILL BE PROSECUTED

PROHIBIDO EL PASO A PERSONAS NO AUTORIZADAS

Estación de servicio

Las estaciones de servicio, llamadas *service stations*, *petrol stations* y *filling stations*, están consideradas separadamente de los garajes, porque la mayoría de ellas no hacen reparaciones de importancia. Su función es vender gasolina, aceite, etc. Hay algunas estaciones de servicio en las que el cliente mismo se sirve la gasolina del surtidor y después paga en la oficina. Normalmente, se paga al encargado de los surtidores.

Muchas estaciones de servicio están cerradas los domingos y durante la noche, así que no deje que el nivel de su indicador baje demasiado.

La *Automobile Association* (*A.A.*) y el *Royal Automobile Club* (*R.A.C.*) mantienen un excelente servicio de ayuda en las carreteras del cual podrá usted valerse en caso de emergencia, siempre y cuando sea miembro permanente o eventual. Tienen un convenio recíproco con muchas organizaciones de automovilismo en Europa.

¿Dónde está la estación de servicio más próxima?	Where is the nearest petrol station?
Quiero cuatro/seis/diez galones, por favor.	I want four/six/ten gallons please.
Déme gasolina por valor de ... libras.	Give me ... pounds' worth of petrol.
Llénemelo, por favor.	Fill her up, please.
Compruebe el aceite, por favor.	Check the oil, please.
Déme una pinta de aceite, por favor.	Give me a pint of oil, please.
¿Quiere comprobar los neumáticos?	Would you check the tyres?
¿Cuál es la presión?	What pressure?

PARA TABLA DE CONVERSIÓN, ver pag. 145

Veintidós delante, veintiséis detrás/Veinticinco en todos.	Twenty-two front, twenty six rear/Twenty-five all round.
Compruebe también la de repuesto.	Check the spare tyre too, please.
¿Puede arreglar este pinchazo?	Can you mend this puncture?
¿Puede cambiarme esta rueda, por favor?	Will you change this tyre, please?
Compruebe el agua, por favor.	Check the water, please.
Cargue la batería, por favor.	Top up the battery, please.
Compruebe el fluido de los frenos.	Check the brake fluid, please.
Ponga anticongelante, por favor.	Put in some anti-freeze, please.
¿Puede lavar y limpiar el coche?	Can you wash and clean the car?
¿Puede cambiar el aceite, por favor?	Can you change the oil, please?
¿Tiene usted un mapa del distrito?	Have you a road map of this district?
¿Dónde está el servicio de señoras/caballeros?	Where's the ladies'/men's toilet?

¿Cómo se llega a . . . ?

¿Puede indicarme la dirección para Putney?	Can you tell me the way to Putney?
¿Cómo se va a . . . ?	How do I get to . . . ?
¿Adónde lleva esta calle?	Where does this road lead to?
¿Puede decirme dónde está . . . ?	Can you tell me where . . . is?
¿Puede enseñarme en el mapa dónde estoy?	Can you show me where I am on this map?

ESTACIÓN DE SERVICIO

¿Dónde está . . . en este mapa?	Where is . . . on this map?
¿Qué distancia hay de aquí a . . . ?	How far is it to . . . from here?

Posibles respuestas

Esta no es la calle que busca.	You're on the wrong road.
Vuelva a . . .	Go back to . . .
Siga todo derecho.	Go straight ahead.
Está a la izquierda/derecha.	It's on the left/right.
Está allí abajo a la izquierda/derecha.	It's just down there on the left/right.
Está al volver la esquina.	It's just round the corner.
No está lejos de aquí.	It isn't far from here.
Está muy lejos de aquí.	It's a long way from here.
Siga derecho y vuelva a preguntar.	Go straight on and ask again.
Vaya al primer/segundo cruce.	Go to the first/second crossroads.
Tuerza a la izquierda/derecha en el próximo semáforo.	Turn left/right at the next traffic lights.

Esperamos que no le ocurra, pero quizá necesite decir:

Me he quedado sin gasolina. ¿Puede prestarme un bidón?	I've run out of petrol. Can you lend me a can?

wrong	rong
straight	streit

PARA NÚMEROS, ver pag. 178–179

Tablas de conversión

pints	litros
1	0,57
4	2,27

gallons	litros
1	4,55
2	9,10
3	13,64
4	18,20
5	22,73
6	27,30
7	31,82
8	36,40
9	40,91
10	45,50

8 pints = 1 gallon

Presiones de neumáticos

lb./sq. in.	Kg./cm.^{2}	lb./sq. in.	Kg./cm.^{2}
10	0,70	26	1,82
12	0,85	27	1,89
15	1,04	28	1,95
18	1,26	29	2,03
20	1,40	30	2,10
21	1,47	32	2,24
22	1,54	34	2,39
23	1,61	36	2,53
24	1,68	38	2,67
25	1,75	40	2,81

Millas (miles)	10	20	30	40	50	60	70	80	90	100
Kilómetros	16	32	48	64	80	97	113	128	145	160

1 milla = 1.6093 kilómetro

ESTACIÓN DE SERVICIO

El coche

Esta es una sección importante, y la hemos dividido en dos partes.

Parte A. Contiene información sobre el automovilismo en Inglaterra; advertencias y reglas. Es esencialmente para servir de referencia – y por consiguiente conviene que lo repase usted, con anticipación si es posible.

Parte B. Contiene consejos prácticos sobre lo que se debe hacer en caso de accidentes, averías y cualquier otra emergencia. Contiene asimismo una traducción paralela de la mayoría de las piezas que pueden estropearse en un coche. No tiene usted más que enseñárselo al mecánico del garaje y pedirle que le señale la respuesta correspondiente.

Parte A
Aduana y documentación

Se necesitan los siguientes documentos:
    pasaporte (o documento similar)
    seguro internacional
    libro de registro
    permiso de conducir

Tanto el conductor como la persona que ocupa el asiento delantero deben emplear los cinturones de seguridad. La placa de nacionalidad debe llevarse en el coche.

Siempre y cuando tenga usted todos los documentos en regla, no encontrará ninguna dificultad en traer su coche a Gran Bretaña para usarlo durante sus vacaciones. Si piensa quedarse más de tres meses, póngase en contacto con una agencia de viajes o asociación automovilística para obtener la información necesaria.

Señales inglesas de carreteras

He aquí algunas de las señales escritas que posiblemente encontrará usted al ir conduciendo por Gran Bretaña.

Nota: Las señales prohibitivas son, generalmente, circulares—las de peligro, triangulares.

BENDS FOR 1 MILE	CURVAS DURANTE UNA MILLA
CATTLE CROSSING	CRUCE DE GANADO
DANGER	PELIGRO
DIVERSION	DESVÍO
FORD	VADO
GIVE WAY	CEDA EL PASO
HALT	PARADA EN EL CRUCE
KEEP LEFT	MANTENGA LA IZQUIERDA
LEVEL CROSSING	PASO A NIVEL
LOW BRIDGE	PUENTE BAJO
MAJOR ROAD AHEAD	CARRETERA PRINCIPAL
NO ENTRY	DIRECCIÓN PROHIBIDA
NO PARKING	ESTACIONAMIENTO PROHIBIDO
NO WAITING	PROHIBIDO
REDUCE SPEED NOW	REDUZCA LA VELOCIDAD
ROAD WORKS AHEAD	OBRAS
SLOW	DESPACIO
STEEP HILL (ENGAGE LOW GEAR)	DESCENSO PELIGROSO (CAMBIE A VELOCIDAD MAS BAJA)
STOP	PARADA
TEMPORARY ROAD SURFACE	PAVIMENTO PROVISIONAL
WEIGHT LIMIT	PESO LIM
YIELD	CEDA EL PASO

Cuando conduzca en Gran Bretaña, recuerde siempre conducir por la IZQUIERDA.

Para las señales de tráfico más importantes vea páginas 160 and 161.

Las carreteras

En Gran Bretaña, las carreteras están clasificadas como sigue:

—Las autopistas (por ejemplo, la M4) de primera clase son análogas a las del continente.

—A3: Grandes carreteras que conectan las ciudades y poblaciones de la Gran Bretaña.

—B4526: Carreteras secundarias que forman una extensa red de conexiones impecables.

Routes C: Rara vez clasificadas, éstas son las carreteras estrechas comareales.

Estacionamiento

La policía es, generalmente indulgente con los turistas, pero no se confíe usted demasiado en esto o es posible que cuando vuelva usted al coche, se encuentre con que se lo ha llevado la grúa.

Obedezca las reglas de estacionamiento, que se indican por medio de señales o líneas amarillas pintadas a lo largo del borde de la calzada. Si tiene usted alguna duda, pregunte al *traffic warden* (vigilante de tráfico).

Perdóneme. ¿Puedo aparcar aquí?
Excuse me. Can I park here?

¿Durante cuánto tiempo puedo aparcar aquí?
How long can I park here for?

¿Cuánto cuesta aparcar aquí?
What's the charge for parking here?

¿Tengo que dejar las luces puestas?
Do I have to leave my lights on?

Parte B—Accidentes

Aquí nos limitamos a la ayuda inmediata al accidente. Los problemas legales tendrán que resolverse más tarde. Lo primero en caso de accidente es atender al herido.

No se mueva.   **Don't move.**

Todo va bien. No se preocupe.   **It's alright. Don't worry.**

Hay un herido en este coche.
There's someone hurt in this car.

¿Dónde está el teléfono más próximo?
Where's the nearest telephone?

¿Puedo usar su teléfono. Ha ocurrido un accidente.
Can I use your telephone? There's been an accident.

Llamen a un médico/una ambulancia, rápido.
Call a doctor/ambulance quickly.

Ayúdeme a sacarlos del coche.
Help me get them out of the car.

Policía—Dando parte a la policía.

Llamen a la policía, por favor.   **Please call the police.**

Ha ocurrido un accidente en . . .   **There's been an accident at . . .**

Está a unas dos millas de . . .   **It's about two miles from . . .**

Estoy en la A27 cerca de la iglesia en Southbourne.
I'm on the A27 near the church at Southbourne.

Deme su nombre y dirección, por favor.
Please give me your name and address.

¿Cuál es la matrícula de su coche?
What is the registration number of your car?

¿Le importaría servir de testigo?
Would you mind acting as a witness?

EL COCHE

Quisiera un intérprete.
I'd like an interpreter.

Preferiría esperar hasta que llegue el intérprete.
I'd prefer to wait until the interpreter comes.

A-V-E-R-Í-A-S

Esta sección está dividida en cinco partes.

1. **En la carretera** . . .	pregunta usted dónde está el garaje mas próximo, etc.
2. **En el garaje** . . .	dice usted al mecánico lo que usted cree que le pasa al coche.
3. **Encontrando la avería** . . .	el mecánico le dice en qué consiste la avería.
4. **Reparando la avería** . . .	usted le dice que haga la reparación; le pregunta cuánto tiempo va a tardar/cuánto va a costar.
5. **Pagando la cuenta** . . .	paga usted la cuenta (o la discute).

Parte 1—En la carretera . . .

Perdóneme. Mi coche tiene una avería. ¿Puedo usar su teléfono?
Excuse me. My car has broken down. May I use your phone?

¿Cuál es el número de teléfono del garaje más próximo?
What's the telephone number of the nearest garage?

El coche está en Reading Road, cerca del puente de Sonning.
The car's on the Reading road near the bridge at Sonning.

¿Puede usted mandar un mecánico?
Can you send a mechanic?

¿Puede mandar una grúa para remolcar el coche?
Can you send a truck to tow my car?

¿Cuánto tiempo tardarán?
How long will you be?

¡Ah! Menos mal que ha llegado usted.
Ah! Thank goodness you've come!

Parte 2—En el garaje . . .

¿Puede usted ayudarme?
Can you help me?

¿Qué le pasa al coche?
What's the matter with the car?

Creo que el/la/no está bien.
I think there's something wrong with the . . .

¿Puede usted mirar el motor, por favor?
Would you have a look at the engine, please?

Estas son las principales partes de un coche que pueden tener avería. Si tiene usted siquiera una ligera idea de lo que va mal, puede explicarlo en términos generales. Hay una lista más detallada en la páginas 152–157.

Caja de cambios	**gears**
Carburador	**carburettor**
Dínamo	**dynamo (generator)**
Dirección	**steering**
Embrague	**clutch**
Encendido	**ignition system**
Frenos	**brakes**
Motor de arranque	**starting motor**
Sistema eléctrico	**electrical system**
Sistema de enfriamiento	**cooling system**
Sistema de lubricación	**lubrication system**
Transmisión	**transmission**

¿Cuánto tiempo tardarán en encontrar la avería?
How long will it take to find out what is wrong?

¿Qué le parece si vuelvo dentro de media hora/una hora/mañana?
Suppose I come back in half an hour/an hour/tomorrow?

¿Puede usted llevarme hasta la ciudad?
Can you give me a lift into town?

¿Puedo usar su teléfono?
May I use your phone?

EL COCHE

Parte 3—Encontrando la avería...

Ahora le toca al mecánico encontrar la avería. Cuando lo haya hecho, no tiene usted más que decir:

Please look at this list and point to what you think is wrong. It is divided into five sections.

Engine	Motor
Clutch and Gears—	Embrague y Engranajes—
Transmission	Transmisión
Electrical System	Sistema Eléctrico
Steering	Dirección
Suspension and Brakes	Suspensión y Frenos

a. Engine — Motor

the air filter (dirty)	el filtro (sucio)
the block (cracked)	el bloque de cilindros (roto)
the carburettor (dirty)	el carburador (obstruido)
the crankshaft (worn)	el cigüeñal (gastado)
the cylinder head (warped)	la culata (deformada)
the cylinder head gasket (blown)	la junta de la culata (quemada)

the distributor leads (broken)	el cable del distribuidor (roto)
the dynamo/generator (burnt out/shorted)	la dínamo (quemada/cortocircuito)
the fan/fan-belt (broken)	el ventilador/la correa del ventilador (roto)
the oil/petrol filter (dirty)	el filtro de aceite gasolina (obstruido)
the fuel pump (diaphragm punctured)	la bomba de gasolina (diafragma perforado)
the piston (worn/cracked)	el pistón (gastado/roto)
the points	los platinos (gastados)
the rings (worn)	los segmentos (gastados)
the sparking plugs (worn)	las bujías (gastadas)
the sparking plug leads (broken/corroded)	los cables de las bujías (rotos/corroídos)
the starter motor (jammed)	el motor de arranque (atascado)
the tappets (need adjusting)	las varillas (hay que ajustarlas)
the thermostat (broken)	el termostato (roto)
the valves (worn/blowing)	las válvulas (gastadas)
the valve spring (broken/stuck)	el muelle de válvula (roto/atascado)

General Terms / Términos generales

The big (rear) end bearings are going.	Los cojinetes de las bielas se han fundido.
The camshaft is worn.	El árbol de levas está gastado.
The crankcase is cracked.	El cárter está roto.
The cylinder needs repairing.	El cilindro necesita una reparación.
The engine is knocking.	El motor tiene detonaciones.
The engine is misfiring.	El motor tiene un fallo de encendido.

EL COCHE

The engine is overheating.	El motor se recalienta.
The engine has seized up.	El motor se ha agarratado.
The fan-belt is too slack.	La correa del ventilador está floja.
The carburettor is fast/slow-running; needs adjusting.	La regulación del carburador necesita ajuste.
The float is punctured.	El flotador del carburador está perforado.
The main bearings are going.	Los cojinetes del cigüeñal están gastados.
The oil level is too low.	El nivel del aceite está demasiado bajo.
The piston rings need replacing.	Hay que cambiar los segmentos del pistón.
The radiator is leaking.	El radiador tiene un escape.
The sparking plugs are dirty.	Las bujías están sucias.
The starter armature needs cleaning.	La armadura del motor de arranque está sucia.
The timing is wrong.	La distribución está mal.
The valves need grinding.	Las válvulas tienen que esmerilarse.
The water pump is not working.	La bomba de agua no funciona.

b. Clutch and Gears— Transmission

Embrague y engranajes— Transmisión

the axle oil/grease (needs changing)	el aceite del diferencial (hay que cambiarlo)
the clutch pedal (needs tightening/loosening)	el pedal del embrague (hay que apretarlo/aflojarlo)
the clutch plate (lining worn)	el disco del embrague (forro gastado)
the gears (worn)	los engranajes (gastados)

the pressure-springs (slack)	los muelles del embrague (flojos)
the prop shaft (cracked)	el eje del diferencial (roto)
the teeth (worn)	los dientes (gastados)
the universal joints (worn)	las juntas universales (gastadas)

General Terms / Términos generales

The axle will have to be stripped down.	El diferencial tendrá que desmontarse.
The clutch engages too quickly.	El embrague embraga muy rápido.
The clutch is slipping.	El embrague patina.
The gearbox will have to be stripped down.	La caja de velocidades tendrá que desmontarse.

c. Electrical System / Sistema eléctrico

the battery (needs charging)	la batería (debe cargarse)
the battery cells (dry/leaking)	las células de la batería (están secas/tienen escape)
the brake light (not working)	la luz del freno (no funciona)
the brushes (worn)	las escobillas (gastadas)
the bulbs (broken)	las bombillas (rotas)
the dipswitch (stuck)	el cambio de luces (atascado)
the dynamo/generator (short-circuiting)	la dínamo (cortocircuito)
the fuse (blown)	el plomo (fundido)
the gauge (broken)	el indicador (roto)
the horn (loose contact)	el claxon (no hace contacto)

the ignition coil (defective)	la bobina (defectuosa)
the left/right indicator (doesn't work)	el indicador izquierdo/derecho (no funciona)
the main beam warning light (not working)	la luz larga (no funciona)
the number-plate light (not working)	la luz de la matrícula (no funciona)
the reflectors (broken)	los reflectores (rotos)
the reversing light (not working)	la luz de marcha atrás (no funciona)
the wipers (broken/smearing/very slow)	los limpiaparabrisas (rotos/manchan/muy lentos)
the tail lights (broken)	las luces traseras (rotas)

d. Steering — **Dirección**

the rack and pinion (worn)	el piñón de ataque (gastado)
the steering box (worn)	la caja de dirección (gastada)
the steering column (out of line)	la columna de dirección (descentrada)
the steering wheel (loose)	el volante (flojo)
the track rod ends (worn)	las rótulas de la barra de acoplamiento (gastadas)
the wheels (need balancing)	las ruedas (tienen que nivelarse)

General Terms — **Términos generales**

It pulls to the left/right.	Se va hacia la izquierda/derecha.
It's vibrating.	Vibra.
The wheel is too slack.	El volante está demasiado flojo.

e. Brakes and Suspension

the right/left—back/front brake (not working)

the brake drum (seized)

the handbrake (broken cable/connection)

the lining (worn)

the shock-absorber (disconnected)

the shoes (need adjusting/overheating)

the springs (cracked)

the stabiliser (disconnected)

General Terms

The brakes need bleeding.

The brake fluid needs topping up.

The brakes need relining.

The pedal needs adjusting.

The pneumatic suspension is weak.

The spring needs greasing/repacking.

Frenos y suspensión

el freno de la derecha/izquierda—de detrás/delante (no funciona)

el tambor del freno (agarrotado)

el freno de mano (cable/conexión roto)

el forro del freno (gastado)

los amortiguadores (desconectados)

las zapatas (tienen que ajustarse/se recalientan)

los muelles (rotos)

el estabilizador (desconectado)

Términos generales

Los frenos hay que purgarlos.

Los frenos necesitan más líquido.

Los frenos necesitan nuevos forros.

El pedal necesita ajuste.

La suspensión hidroneumática está débil.

La ballesta necesita engrase/reenvase.

EL COCHE

Parte 4—Reparando la avería . . .

¿Ha encontrado usted la avería?	Have you found the trouble?
Sí, es el (la) . . .	Yes, it's the . . .

Ahora que sabe usted en qué consiste la avería—o al menos tendrá usted una idea—querrá usted saber:

¿Puedo conducirlo así?	Can I drive with it like that?
¿Puede usted arreglarlo?	Can you fix it?
¿Cuánto tiempo llevará la reparación?	How long is it going to take to fix?
¿Puede usted hacerlo ahora/hoy?	Can you do it now/today?
¿Tiene usted las piezas de recambio necesarias?	Have you the necessary parts?
¿Cuánto me costará?	What's it going to cost?

¿Y si dice que "No"?

¿Cuánto tiempo tardarán en tener la(s) pieza(s) de recambio?
How long is it going to take to get the spare part(s)?

¿Dónde está el garaje más próximo donde puedan repararlo?
Where's the nearest garage that can repair it?

Bueno, ¿puede usted repararlo de manera que pueda llegar hasta . . . ?
Well, can you fix it so that I can get as far as . . . ?

Sí, podrá usted llegar hasta . . .
Yes, it will get you to . . .

No, no puede usted conducir el coche en estas condiciones.
No, you can't possibly drive a car in that condition.

En tal caso, pregunte si puede dejar el coche en el garaje:

¿Puedo dejar el coche aquí?	Can I leave the car here?

Parte 5—Pagando la cuenta . . .

¿Está todo arreglado?	Is everything fixed?
Sí.	Yes.
¿Cuánto le debo?	How much do I owe you?

El mecánico entonces le presenta la cuenta.

Si está usted conforme . . .

¿Aceptaría usted un cheque de viajero?	Will you take a traveller's cheque?
Muchísimas gracias por su ayuda.	Thanks very much for your help.
Esto es para usted.	This is for you.

Pero quizá piense usted que le han cobrado demasiado. Puede usted pensar que el trabajo es "chapucero" o que le quieren hacer pagar por algo que no han hecho. Haga usted que le detallen la cuenta. Y si lo cree necesario, haga que alguien se la traduzca antes de pagarla.

Quisiera comprobar la cuenta. ¿Puede usted detallarme el trabajo hecho?	I'd like to check the bill first. Will you itemize the work done?

Si en el garaje aún no dan su brazo a torcer, y usted sigue creyendo tener razón, busque a una tercera persona que le ayude.

Servicio. Si cree que su coche necesita un servicio antes de emprender el viaje de vuelta a su país, vaya a un garaje o estación de servicio.

¿Puede hacer un servicio a mi coche de . . . millas?	Can you give my car a . . . mile service?

EL COCHE

Señales de tráfico inglesas

Algunas que pueden extrañarle...

1) Estacionamiento prohibido 2) Prohibido pararse 3) Paso de peatones 4) Velocidad limitada a 30

1) Pare; policia 2) Ceda el paso 3) Prohibido el paso de peatones 4) Rodear la plaza

1) Peligros diversos 2) Reducir la velocidad

Single file traffic

Single track road

1) Descenso peligroso 2) Ascenso peligroso 3) Desviación pronunciada a la derecha
4) Estrechamiento de calzada; vía única

161

Nota: En Inglaterra, los peatones tienen preferencia de paso en todos los cruces. Usted, al conducir su automóvil, debe detenerse, incluso si un peatón acaba de iniciar la travesía de la calle.

1) Velocidad mínima   2) Final de limitación de velocidad   3) Circule por su izquierda
4) Permitido ambos lados

1) Dirección obligatoria   2) Torcer a la izquierda   3) Torcer a la izquierda   4) Bicicletas: calzada obligatoria

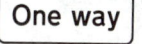

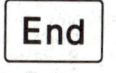

1) Indicación de distancia   2) Circulación de doble vía   3) Dirección única   4) Fin de ...

1) Prohibición excepto para el acceso a la residencia   2) Calle de juegos; cerrada al tránsito de 8 de la mañana al amanecer, excepto a los residentes   3) Pare a 100 yardas
4) Ceda el paso a 50 yardas

Letreros

Damos aquí varias de las señales y avisos más comunes, con algunos de los cuales, probablemente, se encontrará durante su visita.

Bed and Breakfast	Cama y Desayuno
Beware of the dog	Cuidado con el perro
Cold (on tap)	Fría (en un grifo)
Danger	Peligro
Don't touch	No tocar
Engaged	Ocupado
Enter (without knocking)	Entrar (sin llamar)
Entrance	Entrada
Exit	Salida
Fire escape	Salida de incendios
Free	Libre (en una puerta)
Full (up)	Lleno/completo
Gentlemen	Caballeros lavabo
Hot	Caliente (en un grifo)
Keep off the grass	Prohibido pisar la hierba
Keep out	No acercarse
Ladies (toilets)	Señoras (lavabos)
Mind the step	Cuidado con el escalón
No admittance	Prohibida la entrada
No bathing/swimming	Prohibido bañarse/nadar
No fishing	Prohibido pescar
No smoking	Prohibido fumar
Notice	Aviso
Open	Abierto
Private	Privado
Private property	Propiedad privada
Prohibited	Prohibido
Pull	Tirad
Push	Empujad
Reserved	Reservado
Ring	Llame al timbre
Shut	Cerrado
Standing room only	De pie sólo
To let/rent	Se alquile
Toilets	Servicios
Trespassers will be prosecuted	Prohibida la entrada a personas no autorizadas
Vacant	Libre

EMERGENCIAS

Be quick	Dese prisa
Call the police	Llame a la policía
Come here	Venga aquí
Danger	Peligro
Don't move	No se mueva
FIRE	FUEGO
GET A DOCTOR	BUSQUEN UN DOCTOR
GET HELP QUICK	TRAIGAN AYUDA
Go away	Váyase
HELP	SOCORRO
Hurry up	Dese prisa
I'M ILL	ESTOY ENFERMO
I'm lost	Me he perdido
I've lost my ...	He perdido mi ...
Listen	Escuche
Listen to me	Escúcheme
Look	Mire
LOOK OUT	CUIDADO
POLICE	POLICÍA
QUICK	RÁPIDO
STOP	PARE
here	aquí
that man	detengan a ese hombre
the thief	detengan al ladrón
or I'll scream	o grito

Consulado	....
Embajada	....
Alquiler de coches	....
Información	....
Taxis	....
Ambulancia	**999**
Incendios	**999**
Policia	**999**

MÉDICO

El médico

Verdaderamente, ¿de qué le va a servir este librito en caso de un accidente o enfermedad graves? La única frase que necesita usted en tal ocasión es:

| ¡Traigan un médico en seguida! | **Get a doctor—quickly!** |

Pero hay ciertos dolores, molestias e irritaciones de poca importancia que pueden estropear el viaje mejor planeado. En tales casos podemos ayudarle—y, quizá, el médico también. No es probable que el médico hable su idioma bien. Como podrá ver, la primera parte de esta sección ha sido pensada para que usted y el doctor puedan entenderse. Al llegar a "Diagnóstico y Tratamiento", encontrará una traducción paralela de las expresiones que probablemente usará el doctor.

No siempre necesitará usted ir a un médico particular; el departamento de socorro de un hospital le atenderá en caso de emergencia. Cualquier farmacéutico le aconsejará cómo tratar ciertos trastornos; pero no está autorizado a vender ciertos medicamentos sin una receta firmada por un doctor.

Como turista, no tiene derecho a disfrutar de los beneficios del seguro de enfermedad británico (*National Health Service*). Tendrá que pagar todos los gastos de tratamiento médico, de hospital o dental que necesite.

No se requiere un certificado de salud para entrar en el país.

En caso de emergencia, coja el teléfono y marque 999.

General

Necesito un médico rápidamente.	I need a doctor—quickly.
¿Puede buscarme/nos un médico?	Can you get me/us a doctor?
¿Hay un médico en el hotel/casa?	Is there a doctor in the hotel/house?
Por favor, llame a un doctor inmediatamente.	Please telephone for a doctor immediately.
¿Hay algún doctor que hable . . . ?	Is there a doctor who speaks . . . ?
¿Dónde está la consulta del doctor?	Where's the doctor's surgery?
Esta es la dirección.	Here's the address.
¿A qué hora es la consulta?	What are the surgery hours?
¿Podría el doctor venir a verme aquí?	Could the doctor come and see me here?
¿Puede el doctor venir ahora mismo?	Can the doctor come at once?

Síntomas

Use esta sección para decirle al doctor lo que le ocurre.

Antes de visitar al doctor, busque la respuesta a las preguntas en las páginas siguientes. De esta manera usted ahorrará un tiempo valioso.

Partes del cuerpo etc.

amígdalas	tonsils
apéndice	appendix
arteria	artery
articulación	joint
barbilla	chin
boca	mouth

brazo	arm
cabeza	head
cadera	hip
cara	face
clavícula	collar bone
codo	elbow
corazón	heart
costilla	rib
cuello	neck
dedo	finger
dedo del pie	toe
espalda	back
espina dorsal	spine
estómago	stomach
garganta	throat
glándula	gland
hígado	liver
hombro	shoulder
hueso	bone
intestino	intestines/bowels
labio	lip
lengua	tongue
mano	hand
mandíbula	jaw
mejilla	cheek
músculo	muscle
muslo	thigh
muñeca	wrist
nariz	nose
nervio	nerve
oído	ear
ojo	eye
orina	urine
pecho	breast/chest
pie	foot
piel	skin
pierna	leg
pulgar	thumb
pulmón	lung
riñón	kidney
rodilla	knee
rótula	knee-cap
sangre	blood
talón	heel
tendón	tendon
tobillo	ankle
vena	vein

MÉDICO

USTED

Dolores y molestias

No me encuentro bien.	I'm not feeling well.
Me encuentro enfermo.	I'm feeling ill.
El/ella no está bien.	He's/She's not well.
Tengo un dolor aquí/ahí.	I've got a pain here/there.
El/ella tiene un dolor de . . .	He's/She's got a pain in the . . .
Me duele el oído.	My ear aches.
Me duelen los ojos.	My eyes ache.
Me duele todo el cuerpo.	I ache all over.
Me siento desvanecido/mareado/con náuseas.	I feel faint/dizzy/sick.
Tengo escalofríos/por todo el cuerpo.	I feel shivery./I am shivering all over.
He estado devolviendo.	I've been vomiting.
Tengo temperatura/fiebre.	I've got a temperature/fever.
Me siento febril.	I feel feverish.
Me duele aquí.	It hurts here.
(El) tiene artritis.	He's got arthritis.
(Ella) tiene asma.	She's got asthma.
calambres	cramp
convulsiones	convulsions
diarrea	diarrhoea
disentería	dysentery
dolor de cabeza (muy fuerte)	a (severe) headache
dolor de garganta	a sore throat
estreñimiento	constipation
romadizo	hay fever
flemón	an abscess
forúnculo	a boil
gripe	influenza
hemorroides	haemorrhoids (piles)

MÉDICO

DOCTOR

Aches and pains

What's the trouble?	¿Qué le pasa a usted?
Where's the pain?	¿Dónde le duele?
Where does it hurt?	¿Dónde tiene el dolor?
Do you feel any pain here?	¿Siente dolor aquí?
What sort of pain is it?	¿Qué clase de dolor es?
dull/sharp	sordo/agudo
throbbing	punzante
constant/spasmodic	constante/espasmódico
How long have you had this pain?	¿Cuánto tiempo ha tenido este dolor?
How long have you been feeling like this?	¿Cuánto tiempo se ha sentido así?
What treatment have you been having?	¿Qué tratamiento ha tenido?
I want to examine you.	Quiero hacerle un reconocimiento.
Please undress (down to the waist).	Desnúdese, por favor (hasta la cintura).
Please lie down on the couch over there.	Por favor, échese en aquella camilla
Open your mouth.	Abra la boca.
Breathe deeply.	Respire hondo.
Cough, please.	Tosa, por favor.
I'm going to give you an injection.	Le voy a poner una inyección.
Roll up your left/right sleeve.	Súbase la manga izquierda/derecha.
Please remove your trousers and underpants.	Quítese los pantalones y calzoncillos.
I want a specimen of your urine/stool.	Quiero una muestra de su orina/excremento.

USTED

hernia	a hernia
indigestión	indigestion
inflamación de ...	an inflammation of the ...
insolación	sunstroke
intoxicación	food poisoning
jaqueca	migraine
algo en el ojo	something in my eye
quemadura del sol	sunburn
resfriado	a chill/cold
reumatismo	rheumatism
torticolis	a stiff neck
úlcera	an ulcer
vómitos por la mañana	morning sickness
Soy diabético.	I'm a diabetic.
Tengo una enfermedad del corazón.	I have a cardiac condition.
Soy alérgico a ...	I'm allergic to ...
Espero un niño en ...	I'm expecting a baby in ...

Quemaduras/Heridas, etc.

¿Puede usted mirarme este(a) ..?	Would you have a look at this ...?
ampolla/bulto	blister/lump
cortadura/erupción	cut/rash
forúnculo/golpe	boil/bruise
herida/hinchazón	wound/swelling
picadura de insecto	insect bite
picadura/quemadura	sting/burn
rozadura	graze

PARA LOS MESES DEL AÑO, ver pag. 182

DOCTOR

I'm going to take your temperature.	Voy a tomarle la temperatura.
I'm going to take your blood pressure.	Voy a tomarle la tensión.
I'm going to sound your chest.	Voy a auscultarle.
Let me look at it.	Déjeme que lo vea.
I'll prescribe an antibiotic.	Le voy a recetar un antibiótico.
Here is some medicine.	Tome esta medicina.
Here are some tablets.	Tome estas pastillas.
What dose of insulin are you taking?	¿Qué dosis de insulina está tomando?
Injection or oral?	¿En inyecciones o por vía oral?
When is the baby due?	¿Para cuándo espera el niño?

Cuts/Fractures, etc.

It's septic/infected.	Está infectado.
It's not septic/infected.	No está infectado.
I'll give you some antiseptic ointment.	Le daré una pomada antiséptica.
The swelling will go down soon.	La hinchazón bajará pronto.
It's not serious.	No es nada grave.
Let me look at it in . . . days.	Venga a verme dentro de . . . días.
You'll need an X-ray.	Necesita una radiografía.
I'm going to take an X-ray of . . .	Voy a hacerle una radiografía de . . .
I'll bandage it.	Se lo voy a vendar.

USTED

Creo que me he roto/ fracturado el(la) . . .	I think I've broken/ fractured my . . .
torcido/dislocado distendido	sprained/dislocated pulled a muscle in . . .
No puedo mover el(la) . . .	I can't move my . . .
Mi . . . está hinchado(a).	My . . . is swollen

Ansiedad

Estoy muy nervioso(a).	I'm in a nervous state.
Me siento deprimido(a).	I'm feeling depressed.
Quiero un somnífero.	I want some sleeping pills.
No puedo comer/dormir.	I can't eat/sleep.
Tengo pesadillas.	I'm having nightmares.
¿Puede recetarme un sedante?	Can you prescribe a tranquilizer/sedative?

Nota: La marca de ciertas medicinas varía de país a país, pero el doctor podrá darle algo equivalente a las píldoras que ha estado usted tomando.

¿Puedo viajar/continuar el viaje?	Can I travel/continue the trip?
¿Cuándo puedo viajar?	When can I travel?
Me encuentro mejor/peor.	I'm feeling better/worse.

Diagnóstico y tratamiento

En las paginas 174 y 175 hay una traducción paralela de las frases más usuales. Si el doctor no habla español, dele el libro y pídale que le indique la respuesta correspondiente.

DOCTOR

Lift your arm as high as you can.	Suba el brazo todo lo que pueda.
You've pulled a muscle.	Tiene usted una distensión.
You've fractured your . . .	Se ha fracturado usted el(la).
You've dislocated your . . .	Se ha dislocado usted el(la) . . .
No. It's not broken.	No. No está roto.

Anxiety

What pills have you been taking?	¿Qué píldoras ha estado tomando?
How many a day?	¿Cuántas diarias?
How long have you been feeling like this?	¿Cuánto tiempo lleva encontrándose así?
I'll prescribe pills/ suppositories/tablets.	Le voy a recetar píldoras/ supositorios/pastillas.
I'll give you a sedative.	Le voy a dar un sedante.
We don't use . . . in Britain. This is very similar.	No usamos . . . en Inglaterra. Esto es muy parecido.
See your own doctor as soon as you get home.	Vaya a ver a su doctor tan pronto como vuelva a su país.
You can't travel until . . .	No puede usted viajar hasta . . .
How are you feeling now? Better? Worse?	¿Cómo se encuentra ahora? ¿Mejor? ¿Peor?

Diagnosis and Treatment

Doctor: Please explain to your patient what you wish to say by referring to the numbered list on page 175 on the following pages. There is a parallel translation for him/her to follow. Thank you.

1. No tiene usted nada.
2. No es muy grave.
3. Necesita tratamiento.
4. No estoy muy satisfecho con . . .
5. Quiero que vea usted a un especialista.
6. Quiero que se haga una radiografía.
7. Estará mejor dentro de . . . días.
8. Quiero que vuelva usted a verme dentro de . . . días.
9. Volveré a vistarle el . . . a las . . .
10. Necesita usted un descanso.
11. Tiene que quedarse en la cama . . . días.
12. Quiero que vaya usted al hospital para un reconocimiento.
13. Tiene usted temperatura/fiebre.
14.   un fuerte enfriamiento/tos
15.   una ligera infección
16.   gripe
17.   reumatismo
18.   artritis
19.   pulmonía
20.   una vértebra desviada
21.   una inflamación de . . .
22.   una ligera hinchazón.
23. Ha tenido usted un accidente.
24.   una conmoción
25.   una intoxicación
26.   una (ligera) hemorragia
27.   un (ligero) ataque de corazón
28.   una (ligera) embolia.
29. Sufre usted un choque nervioso.
30.   de haber estado expuesto a . . .
31.   de tensión nerviosa
32.   de agotamiento.
33. Está usted muy cansado.
34.   muy grueso
35.   fumando/bebiendo demasiado.

1. There's nothing wrong with you.
2. It's not very serious.
3. It needs attention.
4. I'm not at all happy about . . .
5. I want you to see a specialist.
6. I want you to have an X-ray.
7. It will be better in . . . days.
8. I want you to come and see me in . . . day's time.
9. I'll come and see you on . . . at . . .
10. You need a rest.
11. You must stay in bed for . . . days.
12. I want you to go to hospital for a check-up.
13. You've got a temperature/fever.
14.　a bad cold/cough
15.　a mild infection
16.　influenza
17.　rheumatism
18.　arthritis
19.　pneumonia
20.　a slipped disc
21.　an inflammation of the . . .
22.　a slight swelling.
23. You've had an accident.
24.　concussion
25.　food poisoning
26.　a (slight) haemorrhage
27.　a (slight) heart attack
28.　a (slight) stroke
29. You're suffering from shock.
30.　exposure
31.　nervous tension
32.　exhaustion
33. You're over-tired.
34.　over-weight
35.　smoking/drinking too much

MÉDICO

Receta y dosificación

Le voy a recetar unas píldoras/pastillas/supositorios.
I'll prescribe some pills/tablets/suppositories.

Tome esta medicina.... cucharadita(s) cada ... horas.
Take this medicine.... teaspoon(s) every ... hours.

Use un supositorio cada ... horas.
Use a suppository every ... hours.

Tome ... píldora(s)/pastilla(s) con un vaso de agua— ... veces al día después/antes de las comidas.

Take ... pill(s)/tablet(s) with a glass of water— ... times a day after/before each meal.

Honorarios

¿Le pago ahora o me manda usted la cuenta?	Do I pay you now or will you send me your bill?
Págueme ahora, por favor.	Please pay me now.
Le mandaré la cuenta.	I'll send you my bill.
Son ... libras, por favor.	It's ... pounds, please.

Dentista

¿Puede recomendarme un buen dentista?	Can you recommend a good dentist?
¿Puede darme hora para ver al Señor ... ? (Es urgente).	Can I make an (urgent) appointment to see Mr. ... ?
Tengo un dolor de muelas (muy fuerte)/un flemón.	I have (a very bad) toothache/an abscess.
Me duele este (a) diente/muela.	This tooth hurts.
arriba/abajo	at the top/bottom.
detrás/delante.	back/front.
¿Puede empastármelo?	Can you fill it?
No quiero que me lo saque.	I don't want it out.

Necesita un empaste.	It needs a filling.
Se me ha caído el empaste.	I have lost a filling.
¡Ahí me duele!	That hurts!
La encía me duele/sangra.	The gum is very sore/bleeding.
Se me ha roto esta dentadura.	I've broken this denture plate.
¿Puede arreglarme esta dentadura?	Can you repair this denture?
¿Cuándo estará lista?	When will it be ready?

Óptico

Se me han roto las gafas.	I've broken my glasses.
¿Puede usted arreglármelas?	Can you repair them for me?
¿Cuándo estarán listas?	When will they be ready?
¿Puede cambiarme los lentes?	Can you change the lens?
Quiero unas lentillas/lentes ahumados.	I want some contact/tinted lenses.
¿Cuánto le debo?	How much do I owe you?

Informaciones generales

Números

1	one	uan
2	two	tuu
3	three	zrii
4	four	foo
5	five	faiv
6	six	ssix
7	seven	SSE-van
8	eight	eit
9	nine	nain
10	ten	ten
11	eleven	i-LE-van
12	twelve	tuelv
13	thirteen	ZÖÖ-tiin
14	fourteen	FOO-tiin
15	fifteen	FIF-tiin
16	sixteen	SSIX-tiin
17	seventeen	SSE-van-tiin
18	eighteen	EI-tiin
19	nineteen	NAIN-tiin
20	twenty	TUEN-ti
21	twenty-one	TUEN-ti-UAN
22	twenty-two	TUEN-ti-TUU
23	twenty-three	TUEN-ti-ZRII
30	thirty	ZÖÖ-ti
31	thirty-one	ZÖÖ-ti-UAN
34	thirty-four	ZÖÖ-ti-FOO
40	forty	FOO-ti
41	forty-one	FOO-ti-UAN
46	forty-six	FOO-ti-SSIX
50	fifty	FIF-ti
51	fifty-one	FIF-ti-UAN
59	fifty-nine	FIF-ti-NAIN
60	sixty	SSIX-ti
61	sixty-one	SSIX-ti-UAN
67	sixty-seven	SSIX-ti-SSE-van
70	seventy	SSE-van-ti
71	seventy-one	SSE-van-ti-UAN
72	seventy-two	SSE-van-ti-TUU
80	eighty	EI-ti
81	eighty-one	EI-ti-UAN

84	eighty-four	EI-ti-FOO
90	ninety	NAIN-ti
91	ninety-one	NAIN-ti-UAN
99	ninety-nine	NAIN-ti-NAIN
100	a (one) hundred	a (uan) HAN-drid
157		**one hundred and fifty-seven**
300		**three hundred**
412		**four hundred and twelve**
1,000		**a (one) thousand**
1,000,000		**a (one) million**

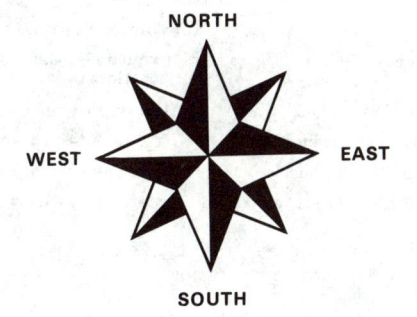

1ro	**first**
2do	**second**
3ro	**third**

una vez	**once**
dos veces	**twice**

INFORMACIONES GENERALES

NORTH

WEST — EAST

SOUTH

La hora

It's two o'clock

It's half past three

It's a quarter to eight

It's a quarter past eight

It's five to nine

It's ten past ten

¿Qué hora es?	What is the time?
Perdóneme. ¿Puede decirme la hora?	Excuse me. Can you tell me the time?
Son las tres y veinte.	It's twenty past three.
Son las cuatro menos veinte.	It's twenty to four.
Son las seis y veinticinco.	It's twenty-five past six.
Son las siete menos veinticinco.	It's twenty-five to seven.

El sistema de doce horas se usa en conversación y en impreso (excepto en horarios).

Días de la semana

¿Qué día es hoy?	What day is it today?
Es domingo	It's Sunday
lunes	Monday
martes	Tuesday
miércoles	Wednesday
jueves	Thursday
viernes	Friday
sábado	Saturday

Nota: En inglés, los días de la semana y los meses del año se escriben con mayúscula.

ayer/hoy/mañana	yesterday/today/tomorrow
mañana/mediodía/tarde/noche	morning/afternoon/evening/night
por la mañana/mediodía/tarde	in the morning/afternoon/evening
Te veré el viernes.	I will see you on Friday.
dentro de tres días	in three days' time
dentro de quince días	in a fortnight's time

Días festivos

Existen ocho días festivos públicos a todo lo largo del año. Son los siguientes:

New Year's Day (Año Nuevo)
Good Friday (Viernes Santo)
Easter Monday (Lunes de Pascua Florida)
May Day (1º de mayo)
Spring Bank Holiday (último lunes de mayo)
August Bank Holiday (último lunes de agosto)
Christmas Day (Navidad)
Boxing Day (26 de diciembre – Día de Aguinaldo)

Si alguno de estos días cae en sabado o domingo es costumbre suplirlo por el lunes siguiente.

Meses

January	enero
February	febrero
March	marzo
April	abril
May	mayo
June	junio
July	julio
August	agosto
September	septiembre
October	octubre
November	noviembre
December	diciembre

Temperaturas

Centígrado	Fahrenheit
100	212
40	104
36.7	98.4
30	86
20	68
15	59
10	50
5	41
0	32
−5	23
−10	14
−18	0
−20	−4

Nacionalidades

Soy/Somos de . . .	I'm/We're from . . .
Alemania	Germany
Las Antillas	The West Indies
Argentina	Argentina
Australia	Australia
Austria	Austria
Bélgica	Belgium
Brasil	Brazil
Canadá	Canada
Egipto	Egypt
España	Spain
Estados Unidos	The U.S.A.
Filipinas	The Philippines
Francia	France
Gales	Wales
Gran Bretaña	Great Britain
Grecia	Greece
Holanda	Holland
India	India
Inglaterra	England
Irlanda	Ireland
Israel	Israel
Italia	Italy
Japón	Japan
Kenia	Kenya
Malasia	Malaysia
Malta	Malta
Nueva Zelanda	New Zealand
Pakistán	Pakistan
Portugal	Portugal
Suiza	Switzerland
Turquía	Turkey
Unión Soviética	Soviet Union
Africa	Africa
América Central	Central America
América del Norte	North America
América del Sur	South America
Asia	Asia
Australia	Australia
Europa	Europe

INFORMACIONES GENERALES

Una gramática muy básica...

...y esto es lo que en realidad es—el bosquejo más breve posible de algunas características especiales de la gramática inglesa. Se podrá notar, por ejemplo, que las únicas formas de verbo empleadas aquí son el infinitivo, el imperativo y los tiempos presente y futuro—que son los tiempos que más probablemente requerirá durante un viaje. Pero el mejor medio de aprender el idioma es la observación y la práctica del habla inglesa. El uso de las frases de este libro le dará a usted amplia oportunidad para ello—en las situaciones pertinentes.
Good luck!

A/The/Some/Any

El artículo indeterminado tiene dos formas: **a** (pronunciado a) se usa cuando precede a **sonidos** consonantes; **an** (pronunciado an) antes de **sonidos** vocales.

a coat—un abrigo
a week—una semana
a pretty village—un pueblo bonito
an ugly town—una ciudad fea
an umbrella—un paraguas
an hour (AU-a)—una hora

El artículo determinado tiene una sola forma: **the**. Se pronuncia δa antes de sonidos consonantes y δi antes de sonidos vocales.

the room, the chair	el cuarto, la silla
the rooms, the chairs	los cuartos, las sillas
the beginning of the holiday	el principio de la vacación
the (δi) end of the month	el fin del mes

Some (pronunciado **ssam**) significa una cantidad o número indefinido. Se usa antes de innumerables nombres en singular y delante de sustantivos en plural. Por lo tanto es equivalente, con este significado, al partitivo **un poco de, algo de**, y muchas veces no se traduce.

I'd like some coffee, please.
Me gustaría (un poco de) café, por favor.
Bring me some cigarettes, please.
Tráigame cigarrillos, por favor.

Any (pronunciado **E-ni**) se emplea en vez de **some** en el negativo y en muchas frases interrogativas.

There isn't any soap.
No hay (nada de) jabón.
Have you any stamps?
¿Tiene usted (algunos) sellos?
Is there any mail for me?
¿Hay (alguna) correspondencia para mí?

Nombres

Plurales

El plural de la mayor parte de los nombres se forma añadiendo -(e)s al singular. Según el sonido final del singular, el plural se pronuncia -ss o -s o -is (que forma una sílaba extra).

cup – cups (kupss)	taza – tazas
car – cars (kaas)	automóvil – automóviles
match – matches (MA-chis)	cerilla – cerillas
week – weeks (uiks)	semana – semanas
day – days (deis)	día – días
dress – dresses (DRE-ssis)	vestido – vestidos

Nota

i. Los nombres terminados en **-y** precedida por una consonante forman el plural con la terminación **-ies**; pero si la "y" va después de una vocal entonces el plural no cambia.

lady — ladies (LEI-dis)   señora — señoras
key — keys (kiis)   llave — llaves

ii. Los plurales siguientes son irregulares:

man — men   hombre — hombres
foot — feet   pie — pies
tooth — teeth   diente — dientes

woman (UÚ-man) — women (UI-min)
mujer — mujeres
child (chaild) — children (CHIL-dran)
niño — niños

El Posesivo

Personas: los nombres en singular y los plurales que no terminan en -s añaden 's; los nombres terminados en -s (incluyéndose la mayoría de los plurales), añaden solamente el apóstrofe (').

the boy's room   el cuarto del muchacho
the boys' rooms   los cuartos de los muchachos
Anne's dress   el vestido de Ana
the children's clothes   los vestidos de los niños

Cosas: se emplea la preposición **of**:

the key of the door   la llave de la puerta
the end of the journey   el final del viaje

This/That (este, esta, esto/ese, esa, eso)

This (plural **these**) se refiere a cosas cercanas en distancia o tiempo;
That (plural **those**) se refiere a cosas más distantes.
Hacen tanto de adjetivos como de pronombres.

Is this seat taken?   ¿Está ocupado este asiento?
That's my seat.   Ese es mi asiento.
Those aren't my suitcases.   Esas no son mis maletas.

Adjetivos

Los adjetivos preceden normalmente al nombre.

a large brown suitcase   una maleta marrón grande
a cold and rainy day   un día frio y lluvioso

Se pueden usar atributivamente después de ciertos verbos:

The rooms are small but comfortable.
Los cuartos son pequeños pero cómodos.

This hotel seems rather expensive.
Este hotel parece más bien caro.

You look tired.
Parece usted cansado.

Comparativo y Superlativo

El comparativo y el superlativo de los adjetivos se puede formar de dos maneras:

i. Los adjetivos monosílabos y muchos adjetivos bisílabos añaden -(**e**)**r** y -(**e**)**st**:

small – smaller – smallest
pequeño – más pequeño – el más pequeño

large – larger – largest
grande – más grande – el más grande

busy (BI-si) – busier – busiest*
ocupado – más ocupado – el más ocupado

ii. Los adjetivos de tres o más sílabas y algunos adjetivos de dos sílabas (los que terminan en **-ful** o **-less**, por ejemplo) no sufren inflexión y forman los comparativos y superlativos con las palabras **more** y **most**.

expensive	more expensive	most expensive
interesting	more interesting	most interesting
careful	more careful	most careful

*La "y" cambia a "i" cuando va precedida de una consonante.

Nótense los siguientes comparativos irregulares:

good	**better**	**best**
bad	**worse**	**worst**
little	**less**	**least**
much} **many}**	**more**	**most**

Pronombres

	Sujeto	Objeto	Posesivo 1	2
Singular				
1ª persona	**I**	**me**	**my**	**mine**
2ª persona	**you**	**you**	**your**	**yours**
3ª persona (m.)	**he**	**him**	**his**	**his**
3ª persona (f.)	**she**	**her**	**her**	**hers**
3ª persona (n.)	**it**	**it**	**its**	—
Plural				
1ª persona	**we**	**us**	**our**	**ours**
2ª persona	**you**	**you**	**your**	**yours**
3ª persona	**they**	**them**	**their**	**theirs**

Nota

i. **You** es tanto singular como plural. No existe la distinción del español **tú** y **usted**.

ii. El caso acusativo se usa también para el complemento indirecto y antes de las preposiciones:

Give it to me. (Give me it). — Dámelo.
He came with us — El vino con nosotros.

iii. La forma 1 del posesivo se usa antes del nombre; la forma 2 se usa sola.

Where's my key? That's not mine — ¿Dónde está mi llave? Esa no es mía.
It's yours — Es suya (de Vd(s)).

Verbos Auxiliares

Los verbos auxiliares juegan un papel esencial en la gramática inglesa.
Aprendan el presente de los tres siguientes: